KB212176

하늘문을 여는 아홉 단계의

주기도문

한상수 지음

하늘문을 여는 아홉 단계의

주기도문

초판1쇄　2022년 8월 29일

지은이　한상수
펴낸이　이규종
펴낸곳　엘맨출판사
등록번호　제13-1562호(1985.10.29.)
등록된곳　서울시 마포구 토정로 222
한국출판콘텐츠센터 422-3
전화　(02) 323-4060, 6401-7004
팩스　(02) 323-6416
이메일　elman1985@hanmail.net
www.elman.kr

ISBN　978-89-5515-030-8 03230

값 14,000 원

하늘문을 여는 아홉 단계의

주기도문

한상수 지음

차례

마태복음에 기록된 주기도문

마 6:9-13절, "그러므로 너희는 이렇게 기도하라, 하늘에 계신 우리 아버지여 이름이 거룩히 여김을 받으시오며, 나라이 임하시오며, 뜻이 하늘에서 이룬 것 같이 땅에서도 이루어지이다. 오늘 우리에게 일용할 양식을 주시옵고, 우리가 우리에게 죄 지은 자를 사하여 준 것 같이 우리 죄를 사하여 주시옵고, 우리를 시험에 들게 하지 마옵시고 다만 악에서 구하시옵소서.(나라와 권세와 영광이 아버지께 영원히 있사옵나이다. 아멘.)"

영문 주기도문 (KJV) 마 6:9-13

Our Father which art in heaven,
Hallowed be thy name.
Thy kingdom come,
Thy will be done in earth, as it is in heaven.
Give us this day our daily bread.
And forgive us our debts, as we forgive our debtors.
And lead us not into temptation, but deliver us from evil:
For thine is the kingdom, and the power, and the glory,
forever. Amen.

영문 주기도문 (NIV) 마 6:9-13

Our Father in heaven,

Hallowed be your name.

your kingdom come,

your will be done on earth as it is in heaven.

Give us Today our daily bread.

forgive us our debts, as we also have forgive our debtors.

And lead us not into temptation, but deliver us from evil one.

누가복음에 기록된 주기도문

눅 11:2-4절, "예수께서 이르시되 너희는 기도할 때에 이렇게 하라, 아버지여 이름이 거룩히 여김을 받으시오며 나라가 임하시오며 우리에게 날마다 일용할 양식을 주시옵고 우리가 우리에게 죄지은 모든 사람을 용서하오니 우리 죄도 사하여 주시옵고 우리를 시험에 들게 하지 마시옵소서 하라."

영문 주기도문 (KJV) 눅 11:2-4

When ye pray say,

Our Father which art in heaven,

Hallowed be thy name.

Thy kingdom come,

Thy will be done, as in heaven. so in earth.

Give us day by day our daily bread.

And forgive us our sins; for we also forgive every one that is indebted to us.

And lead us not into temptation; but deliver us from evil.

영문 주기도문 (NIV) 눅 11:2-4.

When you pray say,

“Father hallowed be your name,

your kingdom come.

Give us each day our daily bread.

forgive us our sins,

for we also forgive everyone who sins that against us.

And lead us not into temptation.”

서문

하나님의 크고 놀라운 은혜로 부름을 받아 설교자로 40여년 가까이 본문 설교, 제목 설교, 주제별 설교, 절기 설교, 전도 설교 등 각 방면에 다양하게 설교를 해왔다. 언제부터인가 강해 설교를 한번 시도해 보아야겠다는 생각을 하게 되었다.

어떤 강해 설교부터 시작할까를 고민하다가 주기도문 강해 설교는 짧고 마음에 큰 부담이 없을 것 같아 주기도문 강해 설교를 하기로 마음에 결정하였다. 기도하면서 주기도문이 기록되어 있는 마 6:9-13절과, 눅 11:2-4절의 말씀을 집중적으로 반복하여 읽고, 또 읽고 주석도 찾아보고 원어 성경과 영어 성경도 읽어보고, 기도하면서 나름대로 하나님의 음성과 감동을 받고자 하는 마음으로 주기도문 강해 설교를 준비하였다. 그렇게 주기도문 강해 설교를 한 단락 한 단락 설교하다 보니 아홉 단계로 마치게 되었다.

어느 날 쌓여 있던 원고를 어느 목사님께 보여 드렸더니 한번 책자로 묶으면 좋겠다고 말씀하셨다. 그러나 이미 시중에는 여러 권의 주기도문 강해 설교집이 나와 있어 고민하다가 하나님께 기도하고 용기를 내어 설교의 평도 받고 싶어 세상에 주기도문 강해 설교를 내놓게 되었다.

혹시 본 주기도문 강해 설교를 보시는 분이 서평에 대한 질책, 충고, 편달을 주신다면 달게 받겠다. 본 설교 원고에 사용된 언어가 구어체(口語體)로 되어 있기 때문에 문장의 유연성이나 문법의 정확성이 부족할 수 있다. 그렇지만 예수님께서 가르치신 기도문으로 신, 구약 성경 구절을 연결하여 주기도문의 강해 설교를 뒷받침하려고 애썼다. 또한 본 주기도문 강해 설교는 매 설교 마지막에 본 설교에 인용된 성경 구절을 넣었다. 개인이나 팀 별로, 혹은 구역 예배 등 성경공부에 활용할 수 있도록 심화학습도 구성하여 제공하였다. 아무쪼록 본 책자를 읽으시는 분들의 신앙생활에 다소나마 도움이 되기를 바란다.

이 설교집을 세상에 나오게 해주신 예수님께 모든 영광을 돌린다. 그리고 어려운 목회 사역의 현장에서 불평과 원망하지 않고 묵묵히 사역에 동참하고 동역하는 사랑하는 아내 박금영 사모와, 아들 한요한 집사와, 며느리 김은혜 집사, 둘째 아들 요셉, 손녀딸로 우리 곁에 와준 주은, 서은, 그리고 사랑하는 우리 인천영광교회 모든 성도님들께도 감사를 드린다. 또한 이 책이 나오도록 도움 주신 모든 분들과 엘맨 출판사 대표 이규종 장로님께도 감사를 드린다.

추천사

오랫동안 목회 현장에서 동역자로 함께 목회 사역을 하고 계시는 목사님께서 주기도문 강해를 출간함에 먼저 축하를 드립니다.

지난 3년여 간 코로나19로 여러 가지로 힘든 시대를 살아가는 신앙인들이 기도생활이 많이 침체 되었고, 기도를 잃어가고, 기도생활이 줄어드는 이때에 주기도문 강해를 통해 기도의 방향과 기도하고 싶은 충동과 기도의 동력을 얻어 뜨거운 열정으로 초대교회처럼 기도의 불길이 일어나기를 소망하며, 아울러 기도하시며 출간하시는 주기도문 강해가 이 시대의 신앙인들의 등불이 되기를 간절히 바라면서 힘든 환경과 절망을 이겨내는 신앙안내서가 되기를 기도합니다.

광명광산교회 담임 강문종 목사

현 교단 총회장, 현 한영대학교 교수, 현 광명경찰서 경목실장

1강

이렇게 기도하라

1강

이렇게 기도하라

본문: 눅 11:1-4, 마 6:9-13

여러분! 그리스도인으로서 하나님께 기도하는 것이 쉽습니까, 어렵습니까? 기도는 쉽다면 쉽고, 어렵다면 어려운 것이 기도입니다. 왜냐하면 기도는 기도하는 사람의 애절한 마음의 소원과, 믿음의 간구를 담고 있어야 하기 때문입니다. 기도는 기도하는 자의 믿음과 실생활의 언어로 기도해야지, 꾸밈의 말이나 형식과 외식적인 기도가 되어서는 안 되기 때문입니다.

예를 들면 자녀들이 필요로 하는 것을 부모님께 요구할 때 미사여구의 꾸밈의 말로 요구하는 자녀가 어디 있겠습니까? 부모는 자녀의 모든 상황을 다 알고 있기 때문에 자녀의 요구가 합당해야 허락합니다. 아무리 자녀라 해도 그들이 해달라는 대로 다 해주는 부모는 없습니다. 자녀가 부모에게 요구하는 것이 있다면 부모의 마음을 감동시켜야 합니다. 자녀가 늘 부모의 속을 썩이면서 무엇을 해달라고 요구한다면 어떻게 부모님께 요구한 것을 다 받겠습니까?

마찬가지로 그리스도인들도 하나님께 기도하기 전에, 하나님은 그리스도인들의 행동과 삶을 다 아시기 때문에 기도하는 자가 자신의 기도를 통해 하나님을 감동시키지 않고는 절대로 기도의 응답을 받기가 쉽지 않습니다.

왕하 20:1-11절 보면 유다 나라의 히스기야 왕이 병들어 죽게 되었을 때 하나님은 이사야 선지자를 보내 "네가 죽고 살지 못하리라." 고 하셨습니다. 그때 히스기야 왕은 전심으로 하나님께 통곡하며 애절하고 간절한 기도를 하였습니다. 히스기야의 애절하고 간절한 기도를 들으신 하나님께서 감동하셔서 그의 생명을 15년이나 더 연장시켜 주셨습니다. 이처럼 하나님을 감동시키는 기도는 기적이 일어납니다.

그런데 초신자나, 신앙생활을 좀 한사람들이라도 공통적으로 느끼는 것 중에 하나가 기도는 어렵다고 생각합니다. 기도란 어떻게 보면 쉬운 것 같으면서도 어렵습니다. 교회를 처음 나가면 무슨 기도를 어떻게 해야 할지 방법을 몰라 기도를 잘 못하는 것이 사실입니다. 그래서 교회를 처음 다니기 시작한 사람들은 교회에 와서 기도 시간에 그냥 눈만 감고 머리만 숙이고 있지 사실 기도하는 것은 아닙니다.

교회를 좀 다닌 사람들도 기도가 어렵기는 마찬가지입니다. 기도가 어떤 문장의 형식을 갖고 있는 것은 결코 아니지만 중언부언하는 것은 기도가 아닙니다.

그래서 교회를 오래 다닌 사람들 중에도 어떤 사람들은 교회에서 대표 기도를 해야 할 일이 있으면 종이에 써서 읽는 기도를 합니다. 지금도 어떤 교회에서는 담임 목사가 교인들에게 대표 기도를 시킬 때, 기도자가 기도에 실수할까봐 기도문을 써오게 합니다. 담임 목사가 그 기도문을 읽어보고 수정하고 확인하고 그 기도문대로 읽게 합니다. 기도문을 써서 기도하는 것을 나쁘다고 할 수는 없습니다. 그만큼 초신자나, 교회를 좀 다닌 사람들도 기도가 습관이 되지 않으면 어려운 것이 사실입니다. 어떤 사람의 기도는 간결하면서도 기도 자체가 은혜로운 반면에, 어떤 사람의 기도는 기도의 내용이 장황하고 길기만 했지 너무 형식화 내지는 외식적이고 중언부언해서 은혜가 되지 않는 경우도 많습니다.

그래서 기독교 서점에 가보면 기도에 관한 책자가 많이 나와 있습니다. 기도에 조금만 관심 갖고 있는 사람들이면 얼마든지 기도에 관한 자기 수준에 맞는 책자를 사서 기도의 훈련을 할 수가 있습니다.

교회에 처음 다니기 시작한 사람들이 신앙생활을 시작하면서 제일 먼저 대하는 기도는 주기도문일 것입니다. 필자가 신앙생활하던 초기에는 거의 모든 예배에 끝나는 기도로 주기도문을 암송하여 금방 주기도문을 암송할 수가 있었습니다.

그때는 주기도문의 깊은 뜻을 모르고 그냥 교회에서 예배가 끝나는 시간에 의식적으로 주기도문을 암송하는 것이라고 생각하였습니다.

기독교 이천 년 역사 가운데 그리스도인들에게 기도에 큰 업적을 남긴 것은 아무래도 주기도문이 아닌가 생각합니다. 왜냐하면 교회에 다니는 사람들 중에 거의 모든 사람들이 주기도문을 암송하기 때문입니다. 그런 측면에서 주기도문이 어떻게 생겨났는지 배경을 살펴보려고 합니다.

첫째, 눅 11:1절, 예수님의 제자 중에 하나가 "주여, 침례 요한이 자기 제자들에게 기도를 가르친 것과 같이 우리에게도 기도문을 가르쳐 달라."라고 요청한 것이 배경이 됩니다.

둘째, 마 6:5-9절, 유대인들의 기도에 대한 잘못된 습관과 태도를 지적하시면서 기도를 어떻게 해야 하는가에 대해 가르치신 것이 주기도문의 탄생 배경입니다.

예수님은 주기도문을 가르치시기 전에 제자들에게 기도가 무엇인지 마 6:5-8절의 말씀을 통해 기도의 세 가지의 패턴 중에 기도에 대한 두 가지 부정적인 패턴과, 기도의 한 가지 긍정적인 패턴에 대해 말씀하셨습니다.

1) 마 6:5절, "또 너희가 기도할 때에 외식하는 자와 같이 되지 말라, 저희는 사람에게 보이려고 회당과 큰 거리 어귀에 서서 기도하기를 좋아하느니라. 내가 진실로 너희에게 이르노니 저희는 자기 상을 이미 받았느니라."

기도할 때에 외식하는 자와 같이 되지 말라는 말씀은 기도에 대한 부정적인 측면입니다. 예수님은 기도하는 자가 기도할 때에 사람들에게 보이려고 큰 길가나 또는 사람이 많이 모이는 곳에서 기도하는 것은 하나님께 드리는 기도가 아니라, 사람들에게 보이려 하는 외식적인 기도라고 책망하셨습니다. 유대인들 가운데 특별히 바리새인들은 자신이 기도하는 것을 사람들에게 보이고 기도의 사람으로 인정받기를 좋아했습니다. 그래서 예수님은 기도할 때 바리새인과 같이 외식하는 기도를 하지 말라고 가르치셨습니다.

그런데 다행인지 불행인지는 몰라도 우리나라 사람들은 오히려 내성적이어서 큰 거리나 사람이 많이 모이는 곳에서는 오히려 기도를 잘 못합니다. 오히려 어떤 그리스도인들은 대중식당 같은 데서 밥 먹을 때 사람들이 보면 창피하다고 기도 안하고 밥 먹는 사람들이 의외로 많습니다. 바리새인들과는 정반대로 대중 앞에서는 기도를 잘 못하는 것이 우리 한국 사람들입니다.

지금은 고인이 되신 가나안 농군 학교 김 용기 장로님의 글에 다음과 같은 내용이 있습니다. 오래전에 장로님의 두 아들은 '동남아시아 농촌 지도자 교육'을 받으러 일본에 가는데 그 당시 비용 때문에 비행기는 못 타고 부산에서 배를 타고 가게 되었습니다. 김 용기 장로님께서 비용을 넉넉히 주시지 않아서 두 아들은 비용을 아끼기 위해서 배에서 식사 세 끼 먹을 것을 두 끼 먹고, 제일 싼 것을 먹으려고 하였습니다. 참고 참다가 배가 고파 첫 식사 시간에 식당에 가서 식사를 시켜놓고 눈물을 흘리며 식사 기도를 하였습니다.

그때 그 옆에서 그 광경을 지켜본 어떤 일본인이 자초지종을 물었습니다. 그래서 김 용기 장로님의 두 아들은 처음 보는 일본 사람이었지만 사실대로 이야기했습니다.

그러자 그 일본 사람이 이 배는 당신이 배 삯을 냈을 때 이미 배 안에서 먹는 식사비도 다 포함되어 식사는 별도의 돈을 지불하지 않아도 된다고 가르쳐 주었습니다. 처음 배를 타고 일본을 가니 잘 몰랐던 것입니다. 그 일본 사람은 그들이 일본에서 체류하는 동안에 모든 경비는 자기가 다 책임지겠다고 했습니다. 식사기도 한 번에 놀라운 하나님의 은혜와 복의 기적이 임했습니다.(가나안으로 가는 길 책자, 245-246쪽)

그렇다고 그리스도인이 기도할 때 누구에게 보이려고 의식적인 기도를 하면 안 됩니다. 그리스도인의 기도는 언제 어디서나 진실하고 신실한 기도여야 합니다.

2) 마 6:6절, "너는 기도할 때에 네 골방에 들어가 문을 닫고 은밀한 중에 계신 네 아버지께 기도하라. 은밀한 중에 보시는 네 아버지께서 갚으시리라."

이 말씀은 기도의 긍정적인 측면을 가르친 것입니다. 예수님께서 가르치신 골방 기도는 기도하는 자가 하나님께 기도할 때에 외식적으로 누구에게 보이려고 기도하지 말고 골방에 들어가 은밀한 중에 계신 아버지께 깊은 기도를 하라는 뜻입니다.

성경적으로 '골방 기도'란 문자적으로 기도할 때에 언제나 골방에 들어가서 기도하라는 것은 아닙니다. 골방 기도란 첫째, 기도하는 사람이 사람을 의식하지 않고 기도하는 것입니다. 둘째, 주변 환경을 의식하지 않고 기도하는 것입니다. 셋째, 기도하는 자의 애절한 마음의 소원과 진실한 마음으로 기도에 방해를 받지 않고 기도하는 것입니다. 넷째, 말 그대로 작은 공간, 조용한 곳에서 기도하는 것입니다.

이처럼 그리스도인의 신앙생활에는 골방 기도가 있어야 합니다.

그리고 골방 기도란 기도하는 자가 기도할 때 사람을 의식하지 아니하고, 기도에 방해 받지 않고 오직 하나님만 바라보고 기도하는 것입니다.

3) 마 6:7-8절, "또 기도할 때에 이방인과 같이 중언부언하지 말라. 저희는 말을 많이 하여야 들으실 줄 생각하느니라. 그러므로 저희를 본받지 말라. 구하기 전에 너희에게 있어야 할 것을 하나님 너희 아버지께 아시느니라."

"또 기도할 때에 이방인과 같이 중언부언하지 말라."는 것은 기도의 부정적인 요소를 말씀하신 것입니다. 신앙 생활하는 사람들 중에 교회에서 대표 기도할 때 말을 많이 하고 온갖 미사여구의 언어로 기도해야만 기도를 잘하는 줄 착각합니다. 길게 기도하는 것은 결국 중언부언하는 기도가 되어 그 기도를 듣는 사람과 하나님도 질리게 할 수 있습니다. 그래서 할 수 있으면 교회의 공적 예배의 대표 기도는 3분(分) 이내에 마치는 것이 은혜로운 기도입니다.

왜냐하면 교회의 공적인 예배에는 초신자들도 함께 있기 때문입니다. 초신자들은 기도가 길어지면 지루하게 생각합니다. 그래서 요즘에는 초신자들의 기도생활을 돕기 위해 기독교 서점에 기도에 관한 책자가 많이 나와 있습니다. 기도에 관한 책자들을 보면 기도를 간결한 기도문의 내용으로 만들어 그 기도문을 암송하여 기도하게 하는 것도 있습니다.

그러므로 기도는 기도하는 자가 전능하신 하나님과의 인격적 만남의 대화이기 때문에 하나님은 그 기도가 어떤 형식과 틀에 짜여 있는 마음에 없는 기도보다는 기도하는 자의 마음의 애절한 소원과, 믿음의 간구와, 진실함이 담긴 기도를 기뻐하십니다. 규격과 틀에 짜여 있는 기도는 마음에 애절한 소원이 없기 때문에 하나님을 감동시킬 수가 없습니다. 만약에 자녀가 부모에게 무엇을 달라고 요구할 때 매번 어떤 형식과 틀에 짜여 있는 문장으로 자기의 필요로 하는 것을 앵무새처럼 요구한다면 어떻게 부모의 마음을 감동시키겠습니까?

그러므로 어떤 형식과 틀에 짜여 있는 기도보다는, 기도하는 자의 애절하고 간절한 마음의 소원과 진실한 믿음의 기도가 하나님을 감동시킬 수 있습니다. 이처럼 예수님은 주기도문의 기도문을 가르쳐 주시기 위해 서론에서 두 개의 부정적인 기도 방법과, 한 개의 긍정적인 기도의 방법을 가르쳐 주셨습니다.

그럼, 주님께서 주기도문을 가르쳐 주신 이유가 무엇일까요?

1. 주기도문은 가장 완벽한 기도문입니다.

사실 유대인들에게는 조상 대대로 내려오는 많은 기도문이 있습니다. 탈무드에 의하면 유대인들은 약18개의 기도문을 갖고 있다고 합니다. 그리고 침례 요한과 같은 선지자도 자기 제자들에게 따로 기도문을 가르쳐 주었을 정도로 유대인들은 많은 기도문을 가지고 있었습니다. 그런데 유대인들이 가지고 있는 기도문들은 모두 외어서 하는 형식적인 인본주의 기도문입니다.

반면에 예수님께서 가르쳐 주신 주기도문은 그리스도인들의 신앙 생활에 꼭 필요한 가장 완벽한 모범의 기도문입니다. 주기도문에서 가르치는 기도의 순서는 기도하는 자가 물 흐르듯 먼저 하나님을 찬양하며, 하나님의 이름을 높이며, 하나님의 나라와 하나님의 뜻이 이루어지길 기도합니다. 그리고 자연스럽게 기도하는 자의 일용할 양식과 죄의 용서와 시험에 들지 않고 악에서 구하여 달라는 기도문입니다. 그리고 마지막으로 기도를 마치면서 하나님을 찬양합니다.

주기도문의 내용을 살펴보면 다음과 같습니다.

첫째, 하나님을 향한 경배와 찬양의 기도로 이루어져 있습니다.
1) 하늘에 계신 우리 아버지여
2) 이름이 거룩히 여김을 받으시오며
3) 나라가 임하시오며
4) 뜻이 하늘에서 이루어진 것 같이 땅에서도 이루어지이다.

둘째, 기도하는 자, 자신을 향한 간구입니다.
1) 우리에게 일용할 양식을 주시옵고
2) 우리 죄를 사하여 주시옵고
3) 우리를 시험에 들게 하지 마옵시고

셋째, 기도문을 마치면서 하나님께 올리는 송영입니다.
1) 나라와 권세와 영광이 아버지께 영원히 있사옵니다. 아멘.

2. 주기도문은 기도의 방법을 가르쳐 줍니다.

주기도문은 교회사 이천 년의 역사 속에 수많은 그리스도인들의 믿음과 신앙생활의 고백의 기도가 되었습니다. 교회에 처음 나와 기도를 잘 못하는 사람들에게 주기도문을 암송하게 하여 기도의 문을 열게 합니다. 뿐만 아니라 기성 신자들도 주기도문을 통해 하나님의 뜻을 좇아 기도합니다.

사실 예수님의 제자들은 어려서부터 기도 생활을 습관적으로 해오던 사람들입니다. 그러나 그들의 기도는 형식과 외식에 지나지 않았습니다. 그래서 제자들은 예수님의 기도하시는 모습을 곁에서 지켜보면서 '어떻게 하면 예수님처럼 진실한 기도를 할 수 있을까?'라고 하며 예수님의 기도에 관심을 갖기 시작했습니다. 그러던 어느 날 제자 중 한 사람이 예수님께 침례 요한이 자기 제자들에게 기도를 가르쳐 준 것 같이, 우리에게도 기도를 가르쳐 주시기를 요청합니다. 그 때 예수님은 제자들에게 너희는 기도할 때에 "이렇게 기도하라." 하시면서 하나님께 어떻게 기도해야 할지 기도의 방법과 방향을 가르쳐 주십니다.

주기도문에 "이렇게 기도하라."는 가르침은 그리스도인들에게 기도의 방향(方向), 기도의 방법(方法), 기도의 목표(目標), 기도의 원칙(原則), 기도의 규범(規範), 기도의 틀을 가르쳐 주신 것이라 할 수 있습니다. 사실 예수 믿는 사람들도 기도에 중언부언할 때가 많기 때문에 예수님께서 기도의 방향을 제시해 주신 것은 신앙생활을 하는 성도들에게 큰 도움이 됩니다.

그래서 필자는 제자들이 예수님께 기도를 어떻게 해야 할지를 가르쳐 달라고 한 것은 정말 신(神)의 한 수라고 생각합니다. 왜냐하면 예수님은 창조주 하나님으로 늘 인간들의 기도를 들으시기 때문에 어떤 기도가 하나님을 감동시키는지, 어떻게 하는 기도가 하나님을 기쁘시게 하는 기도인줄 너무 잘 아시기 때문에 제자들이 예수님께 기도를 가르쳐 달라고 한 것은 정말로 탁월한 질문이었다고 할 수 있습니다.

주기도문은 다음과 같은 기도의 방법을 가르치고 있습니다.

1) 기도하는 자가 하나님을 찬양하며 하나님을 높이는 방법을 가르칩니다.

2) 기도하는 자가 하나님께 무엇을 구해야 할지 하나님께 구하는 방법을 가르칩니다.

그러므로 기도를 어떻게 해야 할지 모르는 사람들은 주기도문을 깊이 음미하면서 주기도문 기도 방법의 순서를 따라 기도하면 기도의 문이 열릴 것입니다.

3. 주기도문은 개인과 공동체의 기도문입니다.

보통 기도문은 개인의 기도문으로 개인의 필요와 충족을 위해 무엇을 어떻게 구해야 할지 하나님께 요청하는 것입니다. 기독교 서점에 진열되어 있는 기도에 관한 책자들을 보면 거의 개인의 기도를 위해 쓰인 책들입니다. 그러나 주님께서 우리에게 가르쳐 주신 주기도문은 개인과 공동체를 위한 기도문입니다. 주기도문은 개인적으로 기도할 때도 활용할 수 있고, 공동체에서 함께 기도할 때도 활용할 수 있습니다.

주기도문의 내용을 보면 나(My)와 너(You)가 중심이 아니고, 우리(Our)가 중심입니다. 주기도문에는 우리(Our)라는 단어가 총 6번 들어가 있을 만큼 우리를 강조하는 공동체를 위한 기도문이라고 해도 과언이 아닙니다. 주님께서 주기도문을 통해서 우리에게 가르쳐 주시는 것은 교회에서 서로서로 사랑하고, 서로서로 용서하고, 서로서로 섬기고, 서로서로 협력하라는 가르침이 아니겠습니까? 그러므로 기독교의 근본 가르침은 내(My)가 아니고, 우리(Our)입니다. 주기도문은 특별히 우리를 강조한 기도문입니다.

그러므로 우리는 주기도문의 가르침을 실천하기 위해서 반드시 교회 안에 공동체에서 같은 믿음의 신앙생활을 하는 성도들과 서로서로 사랑하고, 섬기고, 협력하고 돌보아야 합니다. 그래서 예수님은 네 이웃을 네 몸과 같이 사랑하라고 말씀하신 것입니다.

4. 주기도문은 기도의 중요성을 가르칩니다.

예수님께서 주기도문을 가르치신 것은 기도는 해도 되고, 안 해도 되는 것이 아니라 기도는 그리스도인으로서 꼭 해야 된다는 것을 가르치신 것입니다. 그럼 기도는 어디서 해야 할까요? 일반적으로 예수 믿는 사람들은 기도는 교회(성전)에서만 하는 것으로 생각하는 경향이 있습니다. 기도는 성전(교회)에서만 하는 것이 아닙니다. 기도는 골방에서도, 산에서도, 바닷가에서도, 강가에서도, 감옥에서도, 병상에서도, 직장에서도, 학교에서도, 여행 중에도, 잠자리에서도, 운전 중에도, 길을 걸어가면서도, 언제 어디에서나 할 수 있습니다.

필자가 1990년 2월경, 이스라엘 성지 순례를 할 때였습니다. 그때 이스라엘에서 네덜란드로 나오는 비행기를 탔는데 비행기 안에는 여러 나라 여행객들이 타고 있었습니다. 그 여러 나라 여행객들 가운데는 유대인들도 함께 타고 있었습니다. 필자는 그때 비행기 안 뒤쪽에서 열심히 기도하는 한 유대인을 유심히 살펴보았습니다. 그 유대인은 비행기 가장 뒤편에 서서 사람들이 보는데도 아랑곳 하지 않고 유대인들이 이마와 팔목에 매는 테퀴린과 탈리드를 매고 열심히 몸을 흔들면서 기도하였습니다. '유대인들은 이처럼 어디서나 장소와 환경과 사람들에 구애 받지 않고 기도에 열심을 내고 있구나' 하는 생각을 하였습니다.

성경에 보면 유대인들은 하루 세 차례 기도 시간을 정해 놓고 매일 어느 장소에 있든지 기도하는 습관이 있습니다. 예루살렘 성전이 가까운 곳에 살고 있는 사람들은 성전으로 올라가 기도하고, 집에서 예루살렘 성전이 멀면 예루살렘 성전이 있는 곳을 향해 기도합니다. 단 6:10절에 보면 다니엘은 바벨론 나라에 포로로 잡혀가 하나님의 은혜 가운데 바벨론의 국무총리가 되었습니다. 그 바쁜 와중에도, 때로 기도하면 죽음에 위협이 있음을 알면서도, 매일 세 차례씩 예루살렘 성전을 향해 창문을 열고 하나님께 유대 나라와 민족과 자신을 위해 기도를 하였습니다.(단6:13)

사람이 살았느냐, 죽었느냐를 식별하는 방법은 '숨을 쉬느냐, 숨을 쉬지 않느냐?'로 판단합니다. 또한 병(病)든 사람은 호흡이 불규칙합니다. 그리스도인이 영적으로 생명이 살아 있느냐, 죽었느냐? 하는 것은 '그가 기도하는 사람이냐, 기도하지 않는 사람이냐?'로 분별할 수 있습니다. 그리고 기도가 불규칙하면 신앙에 병이 듭니다.

그래서 성경은 그리스도인들에게 반드시 기도해야 할 것을 강조하고 있습니다.

살전 5:17절, "쉬지 말고 기도하라."

눅 18:1절, "항상 기도하라."

롬 12:12절, "기도에 항상 힘쓰라."

렘 33:3절, "부르짖어 기도하라."

마 21:22절, "믿음으로 기도하라."

엡 6:18절, "무시로 성령 안에서 기도하라."

마 26:41절, "깨어 기도하라."

눅 22:40절, "시험에 들지 않게 기도하라."

약 5:16절, "병 낫기를 위하여 기도하라."

벧전 4:7절, "정신을 차리고 기도하라."

삼상 12:23절, "기도하기를 쉬는 죄를 짓지 말라."

이와 같이 성경은 기도의 중요성을 강조하고 또 강조하고 있습니다. 그런데 예수 믿는 사람들이 기도의 중요성을 알면서도 기도를 잘 못하는 이유가 있습니다. 예수 믿는 사람들이 기도를 잘 못하는 이유는 우리 안에 기도를 방해하는 요소들이 있기 때문입니다.

기도의 방해 요소들은 어떤 것들 일까요?

성경은 기도의 방해 요소로 사람들의 미움, 시기, 질투, 이기심, 죄, 우상숭배, 용서하지 않는 마음, 게으름, 사단의 공격, 말씀을 거역하는 것 등이라고 합니다. 이와 같은 것들은 우리의 영혼을 피폐하게 만듭니다. 그러므로 우리는 우리의 기도를 방해하는 요소들을 솔직하게 하나님 앞에 털어놓고 하나님의 도우심을 구해야 합니다.

"주님, 저의 기도를 방해하고 있는 요소들이 무엇인지 올바로 깨달아 그 문제를 놓고 하나님 앞에 솔직하게 기도할 수 있도록 도와주시옵소서."라고 기도해야 합니다.

결론

주님께서 주기도문을 가르치시면서 "너희는 이렇게 기도하라" 는 말씀은 기도의 방향, 기도의 방법, 기도의 목표, 기도의 원칙, 기도의 규범, 기도의 틀을 제시하신 것입니다. 그러므로 주기도문은 그리스도인들이 기도를 어떻게 해야 하는지 방법을 가르쳐 주신 기도문이라 할 수 있습니다. 기도를 어떻게 해야 할지 모르는 사람들은 주님께서 가르쳐 주신 주기도문을 통해 하나님을 높이는 기도와, 기도하는 자가 자신의 마음을 열고 기도할 때 기도의 문이 열리며 기적이 일어나며, 하나님의 복이 임할 것입니다.

주님은 주기도문을 가르치시기 전에 마 6:9-13절에 기도의 두 가지 부정적인 패턴과 한 가지 긍정적인 패턴을 가르치셨습니다. 외식하는 기도, 중언부언하는 기도를 하지 말고, 골방에서 깊은 기도를 통해 살아 계신 주님을 만나는 기도를 하라고 말씀하십니다. 골방의 기도를 통해서 항상 주님과 교통하는 성도의 삶이 되시기를 축원합니다. 아멘!

본 설교에 인용된 성경 구절의 핵심 요점

1) 왕하 20:1-11, "네가 죽고 살지 못하리라", "주의 보시기에 선하게 행한 것을 기억 하옵소서 하고 심히 통곡 하더라", "내가 네 기도를 들었고 네 눈물을 보았노라."

2) 마 6:5, "또 너희가 기도할 때에 외식하는 자와 같이 되지 말라."

3) 마 6:6, "너는 기도할 때에 네 골방에 들어가 문을 닫고 은밀한 중에 계신 네 아버지께 기도하라."

4) 마 6:7-8, "또 기도할 때에 이방인과 같이 중언부언하지 말라."

5) 단 6:10, 13, "하루 세 번씩 무릎을 꿇고 기도하며 그 하나님께 감사하였더라."

6) 살전 5:17, "쉬지 말고 기도하라."

7) 눅 18:1, "항상 기도하라."

8) 롬 12:12, "기도에 항상 힘쓰라."

9) 렘 33:3, "부르짖어 기도하라"

10) 마 21:22, "믿음으로 기도하라"

11) 엡 6:18, "무시로 성령 안에서 기도하라"

12) 마 26:41, "깨어 기도하라."

13) 눅 22:40, "시험에 들지 않게 기도하라."

14) 약 5:16, "병 낫기를 위하여 기도하라."

15) 벧전 4:7, "정신을 차리고 기도하라."

16) 삼상 12:23, "기도하기를 쉬는 죄를 짓지 말라."

심화 학습 (주기도문 성경공부하기)

1) 기도란 무엇인지 자신의 말로 설명해 보세요.

2) 기도가 왜 어려운지 설명해 보세요.

3) 주기도문이 생겨나게 된 동기를 설명해 보세요.

4) 예수님께서 주기도문을 가르치시기 전에 기도의 세 가지 패턴을 가르치셨는데 기도의 부정적(否定的)인 두 가지 요소와, 기도의 긍정적(肯定的)인 요소 한 가지가 무엇인지 각각의 성구를 들어 설명해 보세요.

5) 그리스도인들의 기도를 방해하는 요소들이 무엇인지 말해 보세요.

2강

하늘에 계신 우리 아버지여

2강

하늘에 계신 우리 아버지여

본문: 마 6:9-13, 눅 11:1-4

지구촌에서 자신이 믿는 신(神)을 향하여 '아버지'라고 부르는 종교는 유일하게 기독교밖에 없습니다. 자신이 믿는 신(神)을 향해 아버지라고 부르는 것에 대해 세상 사람들은 이해하기 힘들 것입니다.

한국에 교회가 처음 들어왔을 초창기 때 어떤 사람이 전도를 받아 교회를 한번 가고는 다시는 교회에 안 간다고 했습니다. 이유를 물으니 교회 다니는 사람들은 다 "쌍놈"이라는 것입니다. "왜 교회에 다니는 사람들이 다 쌍놈이냐?"라고 하니 "교회 다니는 사람들은 족보(族譜)가 없다"는 것입니다. 그 이유는 "아버지도 하나님을 보고 아버지라고 하고, 그 아들도 하나님을 보고 아버지라 하고, 그 손자도 하나님을 보고 아버지라 하니 세상에 그런 족보가 어디 있냐?"라는 것입니다.

한국 기독교 초기에 예수 믿는 사람들이 하나님을 아버지라 부르는 것에 대해 불신자들은 이해하지 못했습니다. 물론 지금도 불신자들은 이해 못합니다. 동서고금을 통틀어 나를 낳아준 분을 아버지라 하지, 한 번도 본적도 없고 어떻게 생겼는지 알지도 못하고, 보이지 않는 신을 가리켜 아버지라 부르라니 세상 사람들이 기독교의 가르침을 이해하지 못하는 것은 어찌 보면 당연합니다. 이 세상에서 아버지로 부르는 관계는 생물학적(生物學的)으로 나를 낳았든지, 아니면 양자(養子)로 나를 입적했을 때 그분을 아버지라 부르는 것입니다.

그런데 성경은 하나님께서 우리의 아버지가 되신다고 가르치십니다. 특별히 주기도문에 예수님은 제자들에게 기도를 가르쳐 주시면서 "하늘에 계신 우리 아버지여!"라고 부르라 하십니다. '하늘에 계신 우리 아버지'란 하나님은 광활한 우주와 만물을 창조하신 창조주 하나님으로서 하늘에 계시고 그분이 우리의 아버지가 되신다는 것을 가르치신 것입니다.

예수님의 가르침을 통해 창조주 하나님께서 우리의 아버지가 되신다는 말씀은 창조주 하나님께서 우리의 존재의 근본이 되시고 그분이 모든 일들을 아시고, 구원하시고, 보살펴 주시고, 인도하시고, 가르치시는 아버지가 되심을 믿고 찬양하며 높이며 감사드리라는 것입니다.

그러므로 "하늘에 계신 우리 아버지여!"란 기도문은 그리스도인들이 기도하는 대상이 결코 허공을 향해 기도하는 것이 아니라, 살아계시고 인격을 가지신 절대자 창조주 하나님께 기도드리라는 것을 가르치는 것입니다. 여기서 인격을 가지신 하나님이란 하나님은 인간이 아니면서도 지(智), 정(情), 의(義)를 가지신 인격의 하나님이란 것을 의미합니다. 그러므로 그리스도인들이 기도하는 대상은 결코 허공을 향해 알지 못하는 신에게 기도하는 것이 아닙니다.

행 17:22-23절에 아덴 사람들은 알지 못하는 신(神)을 섬기며 기도했다는 내용이 있습니다. 지구촌의 수많은 사람들은 아덴 사람들처럼 자신이 섬기는 신이 누군지도 모르고 섬기며 기도하는데, 이것은 샤머니즘(Shamanism) 신앙입니다.

그런 반면에 우리 그리스도인들이 기도하는 대상은 분명히 살아계시고 역사하시고 실존해 계시며 응답하시는 하나님이십니다. 예수님은 주기도문을 가르치실 때 하나님을 향해 여호와여! 또는 하나님이시여! 주여! 라고 기도하라 하지 않으시고 왜 "하늘에 계신 우리 아버지여"라고 기도하라 하셨을까요? 구약 성경에 보면 구약의 선지자들이나 유대인들은 여호와 하나님을 향해 "아버지여!" 하고 부른 적은 거의 없습니다.

구약에는 하나님을 향해 거의 아버지라 부르지 못했습니다. 물론 구약에도 하나님을 아버지라 표현한 성경 구절은 몇 차례 기록되어 있긴 합니다.

예를 들면,

시 68:5절, "그 거룩한 처소에 계신 하나님은 고아의 아버지시며 과부의 재판장이시라."

시 89:26절, "저가 내게 부르기를 주는 나의 아버지시요 나의 하나님이시요 나의 구원의 바위시라 하리로다."

사 9:6절, "이는 한 아기가 우리에게 났고 한 아들을 우리에게 주신 바 되었는데 그 어깨에는 정사를 메었고 그 이름은 기묘자라, 모사라, 전능하신 하나님이라, 영존하시는 아버지라, 평강의 왕이라 할 것임이라."

사 63:16절, "주는 우리 아버지시라, 아브라함은 우리를 모르고 이스라엘은 우리를 인정치 아니할지라도 여호와여 주는 우리의 아버지시라 상고부터 주의 이름을 우리의 구속자라 하셨거늘"

사 64:8절, "그러나 여호와여 주는 우리 아버지시니이다. 우리는 진흙이요 주는 토기장이시니 우리는 다 주의 손으로 지으신 것이라."

렘 3:4절, "네가 이제부터는 내게 부르짖기를 나의 아버지여, 아버지는 나의 청년 시절의 보호자이시오니."

렘 3:19절, "내가 스스로 말하기를 내가 어떻게 하든지 너를 자녀 중에 두며 허다한 나라 중에 아름다운 산업인 이 낙토를 네게 주리라 하였고, 내가 다시 말하기를 너희가 나를 나의 아버지라 하고 나를 떠나지 말 것이니라 하였노라."

이처럼 구약 성경에 하나님을 아버지라 표현한 구절이 있기는 하지만 사실상 구약의 유대인들은 대부분 감히 하나님을 아버지라 부르지 못했습니다.

그런데 예수님께서 이 땅에 오셔서 최초로 하나님을 우리의 아버지로 소개하시고 스스로 하나님에 대해 아버지로 부르시는 본(本)을 보이셨습니다.

신약 성경에는 예수님께서 하나님을 아버지로 부른 곳이 많이 있습니다.

마 6:6절, "너는 기도할 때에 네 골방에 들어가 문을 닫고 은밀한 중에 계신 네 아버지께 기도하라. 은밀한 중에 보시는 네 아버지께서 갚으시리라."

마 23:9절, "땅에 있는 자를 아비라 하지 말라. 너희 아버지는 하나이시니 곧 하늘에 계신 자시니라."

눅 22:42절, "가라사대 아버지여 만일 아버지의 뜻이어든 이 잔을 내게서 옮기시옵소서. 그러나 내 원대로 마옵시고 아버지의 원대로 되기를 원하나이다 하시니."

요 4:23절, "아버지께 참으로 예배하는 자들은 신령과 진정으로 예배할 때가 오나니 곧 이때라. 아버지께서는 이렇게 자기에게 예배하는 자들을 찾으시느니라."

요 5:18절, "유대인들이 이를 인하여 더욱 예수를 죽이고자 하니 이는 안식일만 범할 뿐 아니라 하나님을 자기의 친아버지라 하여 자기를 하나님과 동등(同等)으로 삼으심이러라."

요 14:8-10절, "빌립이 가로되 주여 아버지를 우리에게 보여 주옵소서, 그리하면 족하겠나이다. 예수께서 가라사대 빌립아 내가 이렇게 오래 너희와 함께 있으되 네가 나를 알지 못하느냐? 나를 본 자는 아버지를 보았거늘 어찌하여 아버지를 보이라 하느냐? 나는 아버지 안에 있고 아버지는 내 안에 계신 것을 네가 믿지 아니하느냐. 내가 너희에게 이르는 말이 스스로 하는 것이 아니라 아버지께서 내 안에 계셔 그의 일을 하시는 것이라. 내가 아버지 안에 있고 아버지께서 내 안에 계심을 믿으라. 그렇지 못하겠거든 행하는 그 일을 인하여 나를 믿으라."

눅 23:46절, "예수께서 큰 소리로 불러 가라사대 아버지여 내 영혼을 아버지 손에 부탁하나이다 하고 이 말씀을 하신 후 숨지시니라."

왜! 예수님은 공생애 3년 반 동안 천국 복음을 전파하시면서 유대인들이 섬기는 여호와 하나님을 아버지로 부르라 소개하셨을까요? 예수께서 하나님을 아버지로 부르라 하신 것은 인간이 하나님과의 깨어진 관계를 다시 아버지와 자녀와의 관계로 회복시켜려고 하신 것입니다.

국어사전에 아버지란? 1) 자식을 가진 남자, 2) 하나님을 친근하게 일컫는 말이라고 쓰여 있습니다.

예수님께서 친히 성도들에게 하나님을 향해 아버지로 부르게 하신 것은 성도와 하나님과의 친근감과 친밀함을 갖게 하시며 그리고 성도를 아버지와 자녀의 관계를 갖게 하신 것입니다. 그러므로 오늘 우리가 전능하신 창조주 하나님을 향해 아버지라 부르는 것은 교회시대의 성도들에게만 주어진 특별한 특권이며 은혜이며 은총입니다.

이처럼 예수님은 그의 사역 가운데 하나님을 아버지로 나타내시는 사역을 하셨습니다. 그러므로 이제는 하나님께서 성도들이 하나님 앞에 나아 갈 때 어떤 신하(臣下)나, 종이나, 노예가 아니라, 하나님의 자녀로 당당히 나오기를 원하십니다. 하나님 앞에 나와서 하나님을 향해 '아버지'라고 부르기를 원하십니다.

하나님은 성도가 하나님께 '아버지'라고 부를 때에 가장 기뻐하십니다. 왜냐하면 하나님을 아버지라고 부르는 것은 에덴동산에서 죄로 말미암아 하나님과의 깨어진 관계가 이제는 예수 그리스도께서 십자가 위에서 흘리신 피로 관계가 회복(回復)되었음을 구속사적으로 말씀하는 것입니다. 그러므로 교회 시대에 하나님을 아버지라고 부르게 하신 것은 교회 시대의 성도들에게만 주어진 하나님의 특별한 특권이며 은총이고 복입니다.

그렇다면 창조주 하나님께서 어떻게 우리에게 아버지가 되실까요?

1. 하나님은 창조주로서 우리의 아버지가 되십니다.

하나님께서 우리의 아버지가 되시려면 생물학적(生物學的)으로 우리를 낳았든지 우리가 존재하도록 창조(創造)하셨어야 합니다. 그런 측면에서 성경은 하나님께서 인간을 창조하셨고, 우리를 낳았다고 말씀하고 있습니다.

시 2:7절, "너는 내 아들이라, 오늘날 내가 너를 낳았도다."

사 64:8절, "그러나 여호와여 주는 우리 아버지시니이다. 우리는 진흙이요 주는 토기장이시니 우리는 다 주의 손으로 지으신 것이라."

사 45:12절, "내가 땅을 만들고 그 위에 사람을 창조하였으며 내가 내 손으로 하늘을 펴고 하늘의 모든 군대에게 명령하였노라."

창 1:27절, "하나님이 자기 형상 곧 하나님의 형상대로 사람을 창조하시되 남자와 여자를 창조하시고"

사 43:7절, "무릇 내 이름으로 일컫는 자, 곧 내가 내 영광을 위하여 창조한 자를 오게 하라. 그들을 내가 지었고 만들었느니라."

이처럼 성경은 창조주 하나님은 인간을 흙으로 창조하셨을 뿐만 아니라, 인간을 이 땅에 존재케 하신 근본으로 창조주로서 우리의 아버지가 되신다고 말씀하고 있습니다.

말 2:10절, "우리는 한 아버지를 가지지 아니하였느냐, 한 하나님의 지으신 바가 아니냐, 어찌하여 우리 각 사람이 자기 형제에게 궤사를 행하여 우리 열조의 언약을 욕되게 하느냐?"

시 2:7절, "내가 영을 전하노라. 여호와께서 내게 이르시되 너는 내 아들이라, 오늘날 내가 너를 낳았도다." 육신의 부모는 생물학적으로 나를 낳았기 때문에 아버지가 되지만, 창조주 하나님은 나를 창조하셨기에 아버지가 되십니다.

2. 구속사적으로 하나님께서 우리의 아버지가 되십니다.

에덴동산에서 아담과 하와는 하나님의 말씀에 불순종하여 선악과를 따먹고 결국 에덴동산에서 쫓겨나 하나님과의 관계가 끊어졌습니다. 그 후 이 땅에는 죄와 저주와 질병, 고통과, 사망이 찾아왔습니다. 그 이후 인간은 영원히 죄와 저주와 질병과 사망의 고통 속에서 살아야 했습니다.

그런데 하나님께서 인간이 영원히 고통 받는 모습을 볼 수 없으셔서 이 땅에 인류를 구속할 계획을 세우셨습니다. 친히 육신의 몸을 입으시고 이 땅에 오셔서 십자가에서 처참하게 피(血)흘려 죽으시므로 이제는 하나님을 믿고 구원 받은 성도들에게 하나님의 자녀라는 영광스러운 신분과 지위를 회복(回復)시키신 것입니다.

그리고 하나님의 자녀로 하나님과 교제할 수 있게 하셨습니다.

요1:12-13절, "영접하는 자 곧 그 이름을 믿는 자들에게는 하나님의 자녀가 되는 권세를 주셨으니 이는 혈통으로나 육정으로나 사람의 뜻으로 나지 아니하고 오직 하나님께로서 난 자들이니라."

그러므로 이제 예수 믿고 구원 받은 사람들은 구속사적으로 믿음 안에서 합법적으로 하나님의 자녀가 된 것을 믿으시기 바랍니다.

3. 성령을 받으므로 하나님의 자녀가 됩니다.

롬 8:14-17절, "무릇 하나님의 영으로 인도함을 받는 사람은 곧 하나님의 아들이라. 너희는 다시 무서워하는 종의 영을 받지 아니하고 양자의 영을 받았으므로 아바 아버지라 부르짖느니라. 성령이 친히 우리의 영과 더불어 우리가 하나님의 자녀인 것을 증언하시나니 자녀이면 또한 상속자, 곧 하나님의 상속자요 그리스도와 함께 한 상속자니 우리가 그와 함께 영광을 받기 위하여 고난도 함께 받아야 할 것이니라."

세상에서는 생물학적으로 혈통적으로 아버지와 자녀와의 관계가 아니더라도 양자(養子)로 입적하면 자녀가 되는 제도가 있습니다. 사도 바울은 우리가 예수 그리스도를 믿고 죄를 회개하고, 성령을 받음으로 양자의 영인 성령을 받아 하나님을 아바 아버지라 부르게 됐다고 합니다. 이미 성령을 받고 하나님을 아버지라 부르는 사람은 하나님의 자녀로 인침과 보증을 받았다는 것을 믿으시기 바랍니다.

고후 1:22절, "저가 또한 우리에게 인(印)치시고 보증으로 성령을 우리 마음에 주셨느니라."

이처럼 예수님께서 가르쳐 주신 주기도문에 하나님께서 우리의 아버지가 되신다는 것은 이런 창조와 구속의 원리와 성령을 받음으로 창조주 하나님을 아버지라 부르게 하셨다는 것을 가르치는 것입니다. 그러므로 그리스도인들이 하나님을 아버지라 부르는 것은 분명한 믿음 안에서 합법적으로, 아버지와 자녀와의 관계가 이루어진 것을 말씀하는 것입니다.

이제 그리스도인들은 믿음의 법 안에서 하나님의 자녀가 된 것입니다. 그래서 주님은 주기도문을 통해 가르치시기를 창조주 하나님께 "하늘에 계신 우리 아버지여!" 하면서 기도하라고 가르치신 것입니다.

4. 자녀에게는 주어지는 특권과 의무가 있습니다.

"하늘에 계신 우리 아버지시여!"라는 말에는 자녀에게 주어지는 특권과 의무도 있음을 가르치시는 것입니다.

그럼 자녀에게 주어진 특권과 의무는 무엇일까요?

롬 8:17절, "자녀이면 또한 상속자 곧 하나님의 상속자요 그리스도와 함께한 상속자니 우리가 그와 함께 영광을 받기 위하여 고난도 함께 받아야 할 것이니라."

1) 하나님은 그리스도인들을 성도로 구별하셨습니다.

성도라는 말은 세상에 살고 있지만, 세상에 속한 것이 아니라 하나님께 속한 특별한 사람들이라는 것입니다. 그러므로 성도는 하나님의 자녀로서의 세상에서 구별된 삶을 살아야 한다는 것을 가르치는 것입니다.

2) 하나님은 성도에게 모든 것을 공급하십니다.

그러므로 성도는 하나님만 의지하고 살아야 합니다. 하나님께서 우리의 모든 필요를 아시고 채워주십니다.

3) 하나님은 위로자이십니다.

하나님 아버지는 이 땅에 소외되고, 억눌리고, 포로된 자에게 자유와 위로의 하나님이십니다. 그러므로 하나님의 자녀는 하나님 아버지로부터 위로를 받습니다.

4) 하나님은 치료자이십니다.

하나님 아버지는 이 땅의 질병에 사로잡혀 고통당하는 모든 사람들을 위해 치료자가 되십니다. 그러므로 하나님의 자녀는 하나님 아버지로부터 질병의 치료를 받을 수 있습니다.

5) 하나님의 자녀가 된 성도는 이제 하나님 아버지께 대한 의무도 따름을 알아야 합니다.

하나님의 자녀의 의무는 오직 하나님을 기쁘시게 하는 것입니다.

엡 5:10절, "주께 기쁘시게 할 것이 무엇인가 시험하여 보라."

성도는 하나님 아버지의 자녀로서 하나님 아버지를 기쁘시게 할 책임이 있습니다.

결론

오늘 여러분들의 삶속에 힘들고 어려운 문제가 있습니까? 하늘에 계신 창조주 하나님, 능력 많으신 전능하신 하나님께서 우리의 아버지가 되셨음을 믿으시기 바랍니다. 이제 창조주 하나님의 자녀가 된 성도는 세상에서 힘들고 고통스러운 모든 것을 창조주 하나님 아버지께 맡겨야 합니다.

마 11:28-30절, "수고하고 무거운 짐 진 자들아, 다 내게로 오라. 내가 너희를 쉬게 하리라. 나는 마음이 온유하고 겸손하니 나의 멍에를 메고 내게 배우라. 그리하면 너희 마음이 쉼을 얻으리니, 이는 내 멍에는 쉽고 내 짐은 가벼움이라 하시니라."

하늘에 계신 우리 아버지는 우리의 모든 형편과 생각과 처지와 사정과 질병과 고통을 다 아십니다. 여러분, 우리는 이 땅의 육신의 아버지로부터 완전한 사랑을 받지 못했을지라도, 오늘 하늘에 계신 우리 아버지로부터 완전한 사랑을 받고 있음을 믿으시기 바랍니다. 창조주 하나님께서 나와 여러분의 아버지가 되셨습니다. 하나님을 향해 "아버지" 하고 부르시기 바랍니다. 아멘!

본 설교에 인용된 성경 구절의 핵심 요점

1) 행 17:22-23, "알지 못하는 신에게라."

2) 시 68:5, "고아의 아버지시며"

3) 시 89:26, "나의 아버지시오."

4) 사 9:6, "영존하시는 아버지라."

5) 사 63:16, "주는 우리 아버지시라."

6) 사 64:8, "우리 아버지시니이다."

7) 렘 3:4, "나의 아버지여 아버지는"

8) 렘 3:19, "나의 아버지라."

9) 마 6:6, "네 아버지께 기도하라, 은밀한 중에 보시는 네 아버지께서 갚으시리라."

10) 마 23:9, "너희 아버지는 하나이시니 곧 하늘에 계신 자시니라."

11) 눅 22:42, "아버지여 만일 아버지의"

12) 요 4:23, "아버지께"

13) 요 5:18, "하나님을 자기의 친아버지라 하여 자기를 하나님과 동등으로"

14) 요 14:8-10, "나를 본 자는 아버지를 보았거늘"

15) 눅 23:46, "아버지여 내 영혼을 아버지 손에 부탁하나이다."

16) 시 2:7, "내 아들이라, 오늘날 내가 너를 낳았도다."

17) 사 64:8, "여호와여 주는 우리 아버지시니이다"

18) 사 45:12, "내가 땅을 만들고 그 위에 사람을 창조하였으며 내가 내 손으로 하늘을 펴고 하늘의 모든 군대에게 명령하였노라."

19) 창 1:27, "하나님이 자기 형상 곧 하나님의 형상대로 사람을 창조하시되 남자와 여자를 창조하시고"

20) 사 43:7, "무릇 내 이름으로 일컫는 자 곧 내가 내 영광을 위하여 창조한 자를 오게 하라. 그들을 내가 지었고 만들었느니라."

21) 말 2:10, "우리는 한 아버지를 가지지 아니하였느냐."

22) 시 2:7, "내가 영을 전하노라. 여호와께서 내게 이르시되 너는 내 아들이라, 오늘날 내가 너를 낳았도다."

23) 요 1:12-13, "하나님의 자녀가 되는 권세를 주셨으니"

24) 롬 8:14-17, "양자의 영을 받았으므로 아바 아버지라 부르짖느니라."

25) 고후 1:22, "보증으로 성령을 우리 마음에 주셨느니라."

26) 롬 8:17, "자녀이면 또한 상속자 곧 하나님의 상속자요 그리스도와 함께한 상속자니"

27) 엡 5:10, "주께 기쁘시게 할 것이 무엇인가 시험하여 보라."

28) 마 11:28-30, "수고하고 무거운 짐 진 자들아, 다 내게로 오라. 내가 너희를 쉬게 하리라. 나는 마음이 온유하고 겸손하니 나의 멍에를 메고 내게 배우라. 그리하면 너희 마음이 쉼을 얻으리니 이는 내 멍에는 쉽고 내 짐은 가벼움이라 하시니라."

심화 학습 (주기도문 성경공부하기)

1) 마 6:9-13절과 눅 11:2-4절에 기록되어 있는 주기도문의 차이를 설명해 보세요.

2) 하나님께서 어떻게 우리의 아버지가 되시는지 설명해 보세요.

3) 요 14:8-10절을 설명해 보세요.

4) 언제 우리가 하나님의 자녀가 되는지 성경구절을 들어 설명해 보세요.

5) 자녀에게 주어지는 특권과 의무는 무엇인지 설명해 보세요.

3강

이름이 거룩히 여김을 받으시오며

3강

이름이 거룩히 여김을 받으시오며

본문: 눅 11:1-4, 마 6:9-13

주기도문의 세 번째 단락은 “이름이 거룩히(ἁγιάζω) 여김을 받으시오며(Hallowed be your name)”입니다. 주기도문의 세 번째 단락에서는 이름의 중요성을 강조하고 있습니다. 여기서 말하는 이름(name)은 두말할 것 없이 창조주 하나님의 이름을 일컫는 것이며, 또한 창조주 하나님의 이름에 찬양과 경배를 드리라는 것입니다.

만물에는 하찮은 미물이라도 다 이름이 있습니다. 사람이 태어나면 제일 먼저 이름부터 짓습니다. 이름을 지을 때는 그 의미와 뜻을 생각해 가면서 짓는 이름도 있고, 요즘에는 아기들의 이름을 지을 때 부르기 좋고 예쁜 이름으로 짓는 경우도 많습니다.

성경 66권에는 수많은 이름들이 등장합니다. 성경에 등장하는 이름들에는 거의 의미와 뜻이 함축되어 있습니다. 히브리인들은 특별히 자손들의 이름을 지을 때 그 이름의 의미와 뜻을 부여하며 이름을 짓습니다.

야곱의 이름은 우리가 잘 아는 대로 태어날 때 형의 발목을 잡고 나왔다고 해서 발목을 잡았다는 뜻과, 사기꾼이라는 뜻의 이름이 함축되어 있습니다. 야곱도 열두 아들들을 낳고 그 열두 아들들의 이름을 지을 때 모두 다 뜻을 부여해 가며 이름을 지었습니다. 르우벤은 보라 아들이라, 시므온은 들으심, 레위는 연합함, 유다는 찬송함, 단은 억울함을 푸심, 납달리는 경쟁함, 갓은 복됨, 아셀은 기쁨, 잇사갈은 값, 스블론은 거함, 요셉은 더함, 베냐민은 오른손의 아들이라는 각각의 뜻을 부여해 가며 이름을 지었습니다.

야곱의 열한 번째 아들 요셉은 형들의 시기와 미움으로 애굽으로 팔려가 숱한 고난과 역경을 견뎌 내고 하나님의 은혜 가운데 애굽의 총리가 되고 결혼하여 첫 아들을 낳아 그 이름을 '므낫세'라 지었는데 므낫세란 잊어버림이란 뜻입니다. 요셉이 애굽에서 지난날의 고통을 얼마나 잊고 싶었으면 아들을 낳고 다 잊어버린다는 뜻으로 므낫세란 이름을 지었겠습니까? 그리고 둘째 아들을 낳고 '에브라임'이라 지었는데 그 뜻은 창성(昌盛)함이란 뜻입니다. 이제 모든 고통을 잊고 하나님의 창성한 복을 바라보겠다는 뜻으로 에브라임이라 이름을 지은 것입니다.

이처럼 히브리인들은 자녀를 낳고 이름을 지을 때 특별히 그 이름에 뜻을 부여해 가며 이름을 지었습니다. 그러므로 모든 이름에는 그 이름에 맞는 의미와 개성과 성품과 성격의 뜻이 들어 있습니다.

성경에 보면 하나님도 이름을 중요하게 생각하시어 하나님께서 직접 그 이름에 뜻을 부여해 가며 이름을 지어준 실례도 있습니다.

예를 들면 창 17:19절에 "하나님이 가라사대 아니라 네 아내 사라가 정녕 네게 아들을 낳으리니 너는 그 이름을 이삭이라 하라. 내가 그와 내 언약을 세우리니 그의 후손에게 영원한 언약이 되리라." 이삭이란 '웃음'이란 뜻입니다.

눅 1:13절에 "천사가 일러 가로되 사가랴여, 무서워 말라. 너의 간구함이 들린지라. 네 아내 엘리사벳이 네게 아들을 낳아 주리니 그 이름을 요한이라 하라." 요한이란 이름은 '여호와의 사랑하는 자'란 뜻입니다.

마 1:21절에 "아들을 낳으리니 이름을 예수라 하라. 이는 그가 자기 백성을 저희 죄에서 구원할 자이심이라 하니라." 예수는 자기 백성을 저희 죄에서 구원하실 자란 뜻입니다.

그런가하면 하나님은 성경에 간혹 믿음의 사람들의 이름을 바꾸어 주시기도 하셨습니다. 아브람(고귀한 아버지)을 아브라함(열국의 아버지)으로, 사래(고귀한 어머니)를 사라(열국의 어머니)로, 야곱(발꿈치를 잡는 자 또는 사기꾼)을 이스라엘(하나님과 겨루어 이긴 자)로, 시몬(갈대)을 베드로(반석)로, 사울(구하다)을 바울(작은 자)로 이름을 바꾸어 주시기도 하셨습니다.

이처럼 성경에 보면 이름을 중요하게 생각하였음을 알 수 있습니다. 이렇게 볼 때 예수님께서 제자들에게 가르쳐 주신 주기도문의 세 번째 단락에서 "이름이 거룩히 여기심을 받으시오며"에서 하나님께서 이름을 얼마나 중요하게 생각하시는지 알 수 있습니다.

성경에 보면 하나님에 대한 이름(姓名)이나 칭호(稱號)들이, 하나님께서 하시는 속성과 하시는 일들을 나타내고 있음을 볼 수 있습니다.

1) 출 3:14절에 여호와란 뜻은, 하나님은 스스로 계시는 분이라는 뜻입니다.

2) 창 22:14절에 여호와 이레, 하나님께서 모든 것을 준비하심이란 뜻입니다.

3) 출 15:26절에 여호와 라파, 하나님께서 우리의 질병을 치료하신다는 뜻입니다.

4) 출 17:15절에 여호와 닛시, 하나님께서 우리의 승리가 되신다는 뜻입니다.

5) 겔 48:35절에 여호와 삼마, 하나님께서 우리의 현실과 상황 속에 계신다는 뜻입니다.

6) 삿 6:24절에 여호와 샬롬, 하나님은 평강이라는 뜻입니다.

7) 시 23:1절에 여호와 라하, 하나님은 양 떼를 인도하시는 목자라는 뜻입니다.

8) 마 1:23절에 임마누엘, 하나님이 우리와 함께 하신다는 뜻입니다.

9) 마 1:21절에 예수, 하나님께서 자기 백성을 저희 죄에서 구원하신다는 뜻입니다.

이처럼 성경에는 하나님에 대한 이름과 칭호들이 많이 나타나 있습니다. 성경에 나타난 창조주 하나님의 이름과 칭호들은 예수 믿는 사람들로부터 거룩히 여김을 받아야 합니다. 그러므로 주기도문의 세 번째 단락에서 "이름이 거룩히 여기심을 받으시오며"란 하나님의 이름과 칭호들은 결코 가볍게 불려서는 안 됨을 말씀하고 있는 것입니다.

하나님의 이름은 하늘과 땅에서 가장 높임을 받아야 하며, 또한 성도들에게서 찬양과 경배와 예배와 높임과 섬김과 귀중히 여김을 받아야 하는 이름입니다.

수 2:10-11절, "이는 너희가 애굽에서 나올 때에 여호와께서 너희 앞에서 홍해 물을 마르게 하신 일과 너희가 요단 저편에 있는 아모리 사람의 두 왕 시혼과 옥에게 행한 일 곧 그들을 전멸시킨 일을 우리가 들었음이라. 우리가 듣자 곧 마음이 녹았고 너희의 연고로 사람이 정신을 잃었나니 너희 하나님 여호와는 상천하지(上天下地)에 하나님이시니라."

'상천하지의 하나님'이란 하늘과 땅에서 하나님 한 분 외에는 다른 어떤 신(神)도 존재하지 않고 인정하지 않는다는 것을 말하는 것입니다. 그 위대하신 창조주, 전능하신 하나님의 이름은 결코 가볍게 취급되거나 훼방 받거나 멸시를 받으면 안 되는 이름입니다.

이 땅에는 권력자들이나 독재자들도 자신들의 이름이 함부로 불리거나 멸시당할 때는 명예 훼손이나 그의 상응한 형벌을 가하는 것을 볼 수 있습니다. 북한에서는 지금도 죽은 김일성이나, 김정일이나, 지금의 통치자인 김정은의 이름을 함부로 부르거나 훼방하거나 멸시하면 죽임을 당합니다. 죽은 김일성이나 김정일의 이름도 부르려면 반드시 그 앞에 찬란하고 위대한 별칭들을 붙여서 이름을 불러야 합니다. 예를 들면 북한의 김일성이나, 김정일, 김정은의 이름을 부를 때, '위대한 수령 김일성 어버이'라든지, '위대한 영도자 김정일 장군'이라든지, '경애하는 김정은 동지'라든지, 이름 앞에 반드시 이름을 높이는 호칭을 붙여야 합니다. 사람의 이름은 아무리 높여 불러도 한 세대가 끝나면 다 잊혀지고 나락으로 떨어집니다.

주기도문의 세 번째 단락에서 "이름이 거룩히 여기심을 받으시오며"는 하나님의 이름이 찬양과 영광을 받으실 뿐 아니라 하나님의 이름이 훼방과 멸시를 받으면 절대로 안 된다는 것을 말씀하고 있는 것입니다. 십계명의 세 번째 계명에도 출 20:7절에 "너는 너의 하나님 여호와의 이름을 망령되이 일컫지 말라. 나 여호와는 나의 이름을 망령되이 일컫는 자를 죄 없다 하지 아니하리라."라고 말씀하고 있습니다.

그래서 이스라엘 백성들은 계시된 창조주 하나님의 이름을 부를 때는 함부로 창조주 하나님의 이름을 부르지 않기 위해 하나님의 이름을 발음하지 않고 하나님의 이름을 부를 때는 묵음(默音)으로 읽는다고 합니다.

유대인들이 구약 성경을 읽을 때 하나님의 이름이 나오면 입술로 발음하지 않고 묵음으로 읽습니다. 유대인들은 그만큼 하나님의 이름을 존귀히 여기고 하나님의 이름을 두려워하며 경외합니다. 뿐만 아니라 유대인들은 하나님의 이름을 기록할 때는 YAHWEH라는 하나님의 이름에서 모음(母音)을 빼고 자음(子音)으로만 야웨(YHWH)로 하나님의 이름을 기록하여 하나님의 이름을 발음하지 못하게 합니다. 모음을 빼고 자음으로만 하나님의 이름의 글자로 써놓는 것은 사람들로 하여금 하나님의 이름을 함부로 발음하거나, 읽거나, 부르지 못하게 하기 위해서 하나님의 이름을 기록할 때는 야웨(YHWH)로 기록했습니다.

그래도 유대인들이 하나님의 이름을 부르고 싶으면 엘로힘(Elohim)이나, 아도나이(Adonai)로 부릅니다. 구약의 여호와(야웨) 하나님이란 단어를 신약에서 헬라어로 번역할 때는 그래서 여호와란 단어가 모두 큐리오스(κύριος), 즉 주(主)로 번역이 된 것입니다. 구약 성경에서 하나님의 이름을 훼방한 사람은 반드시 죽였습니다.

레 24:11-16절, "그 이스라엘 여인의 아들이 여호와의 이름을 훼방하며 저주하므로 무리가 끌고 모세에게로 가니라. 그 어미의 이름은 슬로밋이요, 단 지파 디브리의 딸이었더라. 그들이 그를 가두고 여호와의 명령을 기다리더니 여호와께서 모세에게 일러 가라사대 저주한 사람을 진 밖에 끌어내어 그 말을 들은 모든 자로 그 머리에 안수하게 하고 온 회중이 돌로 그를 칠지니라. 너는 이스라엘 자손에게 고하여 이르라. 누구든지 자기 하나님을 저주하면 죄를 당할 것이요, 여호와의 이름을 훼방하면 그를 반드시 죽일지니 온 회중이 돌로 그를 칠 것이라. 외국인이든지 본토인이든지 여호와의 이름을 훼방하면 그를 죽일지니라."

구약에는 하나님의 이름을 훼방하거나 멸시한 사람은 반드시 죽였습니다. 그만큼 하나님의 이름은 높임과, 거룩히 여김과, 경배와 찬양을 받아야 합니다. 구약에 하나님은 자신의 이름을 계시하실 때 출 6:3절에 보면 "내가 아브라함과 이삭과 야곱에게 전능의 하나님으로 나타났으나, 나의 이름을 여호와로는 그들에게 알리지 아니하였고" 라고 말씀하신 것처럼, 하나님은 아브라함과 이삭과 야곱에게는 하나님의 이름을 여호와로 알리지 않으시고 전능하신 하나님(엘쉐다이, Elshaddai)으로 알려주셨습니다. 하나님은 아브라함과 이삭과 야곱에게는 하나님의 이름을 구속사적으로 알려주시지 않고, 전능한 하나님, 다시 말해 기적과 능력을 나타내시는 하나님으로만 나타내셨습니다.

그러나 모세에게는 하나님의 이름을 여호와로 알려 주셨습니다. 모세에게 여호와란 이름으로 계시해 주신 것은 구속사적으로 계시해주신 것입니다. 모세를 통해 계시된 여호와란 이름은!

첫째, 계시와 은혜의 하나님이라는 것입니다.

둘째, 언약과 구원의 하나님이라는 것입니다.

셋째, 예배(경배)를 받으시는 하나님이라는 것을 보여 주신 것입니다.

그럼 주님께서 가르쳐주신 기도문의 세 번째 단락에서 "이름이 거룩히(ἁγιάξω) 여김을 받으시오며"를 통해서 우리에게 가르치는 것은 무엇입니까?

1. 하나님의 이름을 높이고 경배와 찬양과 영광을 돌려라.

신 6:4절, "이스라엘아 들으라, 우리 하나님 여호와는 오직 하나인 여호와시니"

이 말씀은 창조주 하나님은 오직 한 분의 하나님이시고, 그 하나님은 거룩한 하나님으로 신성하게 여김을 받아야 한다는 것을 가르칩니다. 그러므로 한 분이신 하나님의 이름에 대해 성도는 당연히 그 하나님의 이름을 높여야 합니다.

구약에서는 하나님의 이름이 여호와로 계시가 되었었지만, 신약에 와서는 창조주 하나님의 이름이 "예수"라는 이름으로 완전히 계시가 되었습니다.

마 1:21절, "아들을 낳으리니 이름을 예수라 하라. 이는 그가 자기 백성을 저희 죄에서 구원할 자이심이라 하니라."

빌 2:10절, "하늘에 있는 자들과 땅에 있는 자들과 땅 아래 있는 자들로 모든 무릎을 예수의 이름에 꿇게 하시고 모든 입으로 예수 그리스도를 주라 시인하여 하나님 아버지께 영광을 돌리게 하셨느니라."

골 3:17절, "또 무엇을 하든지 말에나 일에나 다 주 예수의 이름으로 하고 그를 힙입어 하나님 아버지께 감사하라."

행 4:12절, "다른 이로서는 구원을 얻을 수 없나니 천하 인간에 구원을 얻을 만한 다른 이름을 우리에게 주신 일이 없음이니라 하였더라."

그러므로 오늘 예수를 믿는 그리스도인들이 하나님의 이름을 바로 알고, 바로 믿고 경배하는 것이 하나님의 이름을 높이는 것입니다. 완전 계시된 하나님의 이름, "예수" 이름에 합당한 영광을 돌려야 합니다.

2. 하나님의 이름이 거룩히 여김을 받아야 합니다.

하나님은 우주와 만물을 창조하신 창조주 하나님이시기 때문에 그 자체만으로도 하나님의 이름은 하늘과 땅에 존재하는 모든 피조물들에게서부터 구별되고 경배를 받고 높임을 받고 찬양을 받으시고 거룩히 여김을 받아야 합니다. 하나님은 천상천하 유일무이한 창조주이시며, 그 외 존재하는 다른 모든 것들은 다 피조물이기 때문입니다. 이 땅에 존재하는 피조물은 그 어떤 피조물이라도 조물주를 대신할 수 없습니다.

그럼 그리스도인은 어떻게 하나님의 이름을 거룩히 여길 수 있을까요?

첫째, 성도가 하나님을 전폭적으로 의지해야 합니다. 성도가 하나님을 의지한다는 것은 하나님을 믿는다는 것이요, 그분에게 모든 것을 맡긴다는 것입니다.

둘째, 성도가 하나님을 예배하는 것이 하나님을 거룩하게 하는 것입니다.

셋째, 성도가 죄악 많은 세상에서 구별된 삶을 사는 것이 하나님께서 거룩함을 받으시는 것입니다.

3. 창조주 하나님의 이름에 합당한 경배와 예배와 찬양을 드려라.

시 96:8절, "여호와의 이름에 합당한 영광을 그에게 돌릴지어다. 예물을 가지고 그 궁정에 들어갈지어다."

하나님의 이름에 합당한 영광을 돌리는 것이 무엇이겠습니까?

첫째, 그분의 이름을 가슴에 새기는 것입니다.

둘째, 그분의 이름에 늘 감격하는 것입니다.

셋째, 그분의 이름에 합당한 찬양과 경배와 예배를 드리는 것입니다.

넷째, 그분의 이름으로 기도하는 것입니다.

다섯째, 그분의 이름을 세상에 드러내는 것입니다.

시 29:2절, "여호와의 이름에 합당한 영광을 돌리며 거룩한 옷을 입고 여호와께 경배할지어다."

성도는 마땅히 거룩하고 위대하고 높으신 하나님의 이름에 합당한 영광을 돌려야 합니다. 성도가 하나님의 이름에 합당한 영광을 드리는 것이 바로 예배입니다. 예배에는 하나님께 드리는 찬양과 경배와 기도와 감사와 설교(하나님의 말씀 선포)와 헌금을 드리는 감사가 있습니다.

4. 하나님께 최상(最上)의 것을 드려라.

말 1:6-11절, "내 이름을 멸시하는 제사장들아, 나 만군의 여호와가 너희에게 이르기를 아들은 그 아비를, 종은 그 주인을 공경하나니 내가 아비일진대 나를 공경함이 어디 있느냐? 내가 주인일진대 나를 두려워함이 어디 있느냐? 하나 너희는 이르기를 우리가 어떻게 주의 이름을 멸시하였나이까? 하는도다. 너희가 더러운 떡을 나의 단에 드리고도 말하기를 우리가 어떻게 주를 더럽게 하였나이까? 하는도다. 이는 너희가 주의 상은 경멸히 여길 것이라 말함을 인함이니라. 만군의 여호와가 이르노라. 너희가 눈 먼 희생으로 드리는 것이 어찌 악하지 아니하며 저는 것, 병든 것으로 드리는 것이 어찌 악하지 아니 하냐? 이제 그것을 너희 총독에게 드려보라. 그가 너를 기뻐하겠느냐? 너를 가납하겠느냐? 만군의 여호와가 이르노라. 너희는 나 하나님께 은혜를 구하기를 우리를 긍휼히 여기소서 하여 보라, 너희가 이같이 행하였으니 내가 너희 중 하나인들 받겠느냐? 만군의 여호와가 이르노라. 너희가 내 단 위에 헛되이 불사르지 못하게 하기 위하여 너희 중에 성전 문을 닫을 자가 있었으면 좋겠도다. 내가 너희를 기뻐하지 아니하며 너희 손으로 드리는 것을 받지도 아니하리라. 만군의 여호와가 이르노라, 해 뜨는 곳에서부터 해 지는 곳까지의 이방 민족 중에서 내 이름이 크게 될 것이라. 각처에서 내 이름을 위하여 분향하며 깨끗한 제물을 드리리니 이는 내 이름이 이방 민족 중에서 크게 될 것임이니라."

성도가 하나님께 최상의 것을 드리지 않는 것은 하나님의 이름을 멸시하는 것입니다. 말라기 선지자가 가르치는 것처럼 성도가 하나님께 예배드릴 때 더러운 떡을 드리는 것, 병든 양을 드리는 행위는 모두 하나님을 멸시하는 것이라고 가르치고 있습니다. 하나님의 이름을 멸시하는 것은 큰 죄입니다. 말세에 하나님은 말라기의 예언과 같이 교회를 통해 이방 민족 중에서 하나님의 이름인 '예수'의 이름이 크게 될 것을 선포하셨습니다. 그러므로 지구촌에 모든 교회들이 만왕의 왕이시며 만주의 주이신 예수 그리스도의 이름을 높이고 경배하며 찬양해야 합니다.

5. 성도가 거룩한 삶을 사는 것이 하나님의 이름을 거룩히 여기는 것입니다.

벧전 1:16절, "기록하였으되 내가 거룩하니 너희도 거룩할지어다 하셨느니라."

하나님께서 거룩하신 것처럼 하나님은 성도들의 삶도 거룩하기를 원하십니다. 성도가 거룩한 삶을 사는 것은 결국 하나님의 이름을 높이는 것입니다. 예를 들면 자녀가 개망나니로 살면 그 부모에게 욕이 됩니다. 그와 같이 성도가 신앙생활을 제대로 하지 않으면 하나님께 욕이 됩니다. "저 사람은 예수 믿는 사람이 되가지고 왜 저래?" 하고 욕을 먹는 것은, 결국 하나님께 욕을 돌리게 되는 것입니다.

마 5:16절, "이같이 너희 빛을 사람 앞에 비취게 하여 저희로 너희 착한 행실을 보고 하늘에 계신 너희 아버지께 영광을 돌리게 하라."

하나님은 우리에게 성도라는 영광스러운 이름을 주셨습니다. 그 이름에 합당한 생활을 해야 합니다.

결론

주님께서 가르쳐주신 주기도문은 위로 하나님께 대한 높임과 찬양과 경배와, 아래로 기도자의 간구를 통해 복의 문(門)을 열게 하시는 것입니다. 그러므로 오늘 주기도문에 "이름이 거룩히 여김을 받으시오며(Hallowed be your name)"란 그리스도인으로서 마땅히 창조주 하나님의 이름에 합당한 영광을 돌려야 함을 가르치는 기도문입니다.

그리스도인으로서 높고 귀하신 창조주 하나님의 이름에 합당한 영광을 돌리는 삶을 사는 것이 무엇이겠습니까? 창조주 하나님을 높이며, 창조주 하나님의 이름에 경배와 예배와 찬양을 드리는 것이 결국은 하나님의 이름에 합당한 삶을 사는 것입니다. 하나님은 성도의 삶을 통해 높임과 영광을 받으시기를 원하십니다. 아멘!

본 설교에 인용된 성경 구절의 핵심 요점

1) 창 17:19, "그 이름을 이삭이라 하라."

2) 눅 1:13, "그 이름을 요한이라 하라."

3) 마 1:21, "아들을 낳으리니 이름을 예수라 하라."

4) 출 3:14, "스스로 있는 자니라." (여호와)

5) 창 22:14, "여호와의 산에서 준비되리라." (여호와 이레)

6) 출 15:26, "나는 너를 치료하는 여호와" (여호와 라파)

7) 출 17:15, "모세가 단을 쌓고" (여호와 닛시)

8) 겔 48:35, "그 성읍의 이름을" (여호와 삼마)

9) 삿 6:24, "기드온이 여호와를 위하여 단을 쌓고" (여호와 샬롬)

10) 시 23:1, "여호와는 나의 목자시니" (여호와 라하)

11) 마 1:23, "보라 처녀가 잉태하여 아들을 낳을 것이요 그 이름은"(임마누엘)

12) 마 1:21, "아들을 낳으리니" (예수)

13) 수 2:10-11, "너희 하나님 여호와는 상천하지(上天下地)에 하나님이시니라."

14) 출 20:7, "하나님 여호와의 이름을 망령되이 일컫지 말라."

15) 레 24:11-16, "여호와의 이름을 훼방하면 그를 반드시 죽일지니."

16) 출 6:3, "나의 이름을 여호와로는 그들에게 알리지 아니하였고"

17) 신 6:4, "이스라엘아 들으라, 우리 하나님 여호와는 오직 하나인 여호와시니."

18) 마 1:21, "아들을 낳으리니 이름을 예수라 하라. 이는 그가 자기 백성을 저희 죄에서 구원할 자이심이라 하니라."

19) 빌 2:10, "모든 무릎을 예수의 이름에 꿇게 하시고"

20) 골 3:17, "말에나 일에나 다 주예수의 이름으로 하고"

21) 행 4:12, "천하 인간에 구원을 얻을 만한 다른 이름을 우리에게 주신 일이 없음이니라 하였더라."

22) 시 96:8, "여호와의 이름에 합당한 영광을 그에게 돌릴지어다."

23) 시 29:2, "여호와의 이름에 합당한 영광을 돌리며"

24) 말 1:6-11, "내 이름을 멸시하는 제사장들아."

25) 벧전 1:16, "내가 거룩하니 너희도 거룩할지어다."

26) 마 5:16, "너희 빛을 사람 앞에 비취게 하여"

심화 학습 (주기도문 성경공부하기)

1) 성경에 이름을 중요하게 여기신 이유를 설명해 보세요.

2) 하나님에 대한 이름의 칭호와 속성을 설명해 보세요.

3) 출 20:7절에 왜 여호와의 이름을 망령되이 일컫지 말라고 하셨을까요?

4) 하나님의 이름을 망령되이 일컫는 것은 무엇일까요?

5) 구약의 여호와의 이름과 신약의 예수의 이름의 관계성을 설명해 보세요.

4강

나라가 임하시오며

4강

나라가 임하시오며

본문: 마 6:9-13

"나라가 임하시오며"란 주님께서 가르치신 기도문에서 어떤 나라를 가리키는 것일까요? 바로 하나님의 나라(βασιλεία, kingdom)를 가리키는 말입니다. 하나님의 나라란 우리 아버지(창조주 하나님)의 나라를 가리키는 말입니다. 그러므로 "나라가 임하시오며"는 "하나님의 나라가 임하시오며" 또는 "아버지의 나라가 임하게"해달라는 기도문입니다.

현대인의 성경 번역에도 보면 "아버지의 나라가 속히 오게 하소서!"라고 되어 있고, 공동 번역에는 "아버지의 나라가 오게 하시며" 라고 되어 있습니다. 우리가 읽고 있는 개혁 성경에는 "나라가 임하시오며"라고 기록되어 있는데 나라가 누구의 나라인지 불분명한 명사(名詞) 앞에 현대인의 번역이나, 공동 번역 성경에는 분명하고 확실한 주격(主格)인 "아버지의 나라가 오게 하시며" 라고 번역이 되어있습니다.

그럼 성경에서 말씀하시는 '하나님의 나라'란 무엇을 의미하는 것일까요?

먼저 '나라'라고 일컬을 때는 조건이 충족되어야 합니다.

나라란! 영토(領土)와 국민(國民)과 다스리는 주권(主權)이 있을 때 비로소 나라라고 할 수 있습니다. 그렇다면 주님께서 가르치신 주기도문에 "나라가 임하시오며"라는 나라는 대체 어떤 나라일까요? 우리말에 하나님의 나라를 한문으로는 천국(天國)이라 하며, 영어 성경에는 Kingdom Of Heaven이나, 또는 Kingdom Of God이라고 합니다.

Kingdom Of Heaven이나, Kingdom Of God은 모두 하나님의 나라, 하나님의 왕국을 지칭하는 말입니다. Kingdom Of Heaven은 사복음서 중에 주로 마태복음에서만 나타난 하나님의 나라의 동의어로 종말론적인 의미를 갖고 있으며, 즉 하나님께서 통치하시는 나라라는 것을 말씀하고 있습니다.

그러므로 주기도문의 네 번째 단락에 "나라가 임하시오며"라는 기도문은 하나님의 나라가 사람들에게로부터 멀리 떨어져 있었던 때가 있었다는 것을 의미합니다. 그래서 예수님은 기도문을 제자들에게 가르치시면서 "나라가 임하시오며"라고 기도하라는 것입니다. "나라가 임하시오며"라는 기도문은 멀리 있는 하나님의 나라를 가까이 임하게 해달라는 의미도 있습니다.

주기도문을 통해서 주님께서 가르치신 '나라'란 이 땅에 경계가 그어진 땅의 나라가 아니라, 창조주 하나님의 주권(主權)과 다스림이 미치는 곳을 뜻하는 말입니다. 그러므로 하나님의 나라란 넓은 의미로 '창조주 하나님의 통치권이 미치는 곳'은 모두 다 하나님의 나라라고 말할 수 있습니다. 하나님의 나라란 어떤 장소의 의미보다는, 어떤 영역이라고 할 수 있습니다. 그런 의미로 볼 때 하나님의 주권과 하나님의 다스림과 하나님의 통치가 미치지 않는 곳은 우주에 어디에도 없습니다.

이렇게 볼 때 넓은 의미로 온 우주는 모두다 하나님의 나라라고 할 수 있고, 좁은 의미로 해석하면 하나님의 나라는 죄인들은 갈 수 없는 거룩하신 하나님의 존재(실체)가 계신 곳을 우리는 하나님의 나라라고 하며, 성경은 그곳을 '천국(天國)'이라고 부르는 것입니다.

신약 성경에 예수님께서 공생애 사역을 시작하셨을 때 하나님의 나라가 가까이 왔다고 선포하셨습니다. 예수님께서 이렇게 선포하신 것을 볼 때 하나님의 나라가 우리 각 사람들에게로부터 멀리 떨어져 있었던 때가 있었음을 의미하고 있습니다. 그럼 멀리 있는 하나님 나라의 의미는 무엇일까요? 멀리 있는 하나님의 나라는 아무나 갈 수 없는 의미가 아니고 무엇이겠습니까?

구약의 유대인들에게 있어서는 하나님의 나라는 참으로 멀리 떨어져 있는 나라였습니다. 구약의 이스라엘 백성들은 하나님의 나라에 들어가는 것은 둘째 치고, 먼저 그들의 죄의 문제를 해결하기 위해서도 감히 하나님께 가까이 갈 수도 없었습니다. 이스라엘 백성들은 자신들의 죄를 속하기 위해서 일 년에 한 번 그것도 대제사장이 염소나 양이나 송아지의 피를 가지고 지성소에 들어가 하나님께 속죄제의 제사를 드렸습니다. 하나님의 존재가 이스라엘 백성들에게는 있어서 얼마나 두렵고 무서운 존재였는지 이스라엘 백성들은 감히 하나님께 가까이 갈 수가 없었습니다. 참으로 구약의 이스라엘 백성들에게 하나님의 나라는 두렵고 먼 나라였습니다.

그런데 예수님께서 이 땅에 육신의 몸을 입고 오셔서 공생의 사역을 시작하시면서 제일성(第一聲)이, 마 4:17절 "회개하라 천국이 가까웠느니라."라는 선포였습니다. 이 메시지는 참으로 이스라엘 백성들에게 있어서는 감격스럽고 충격적인 메시지가 아닐 수 없었습니다. 이스라엘 백성들은 감히 자신들의 죄를 속하기 위해서 개인적으로 하나님께 가까이 갈 수 없었던 사람들이었는데, 이제 하나님의 나라가 가까이 왔다는 것은 언제든지 누구든지 하나님께 가까이 갈 수 있다는 약속이기 때문에 유대인들에게는 감격스러운 메시지였습니다.

그래서 주님께서 가르치신 주기도문의 네 번째 단락에 "나라가 임하시오며"라고 기도하라는 것은 유대인들에게 충격적이었을 것입니다.

1. 그럼 가까워진 하나님 나라의 의미는 무엇일까요?

1) 왕이신 창조주 하나님께서 육신의 몸을 입고 이 땅에 오셨습니다.

온 우주와 만물의 창조자이신 전능하신 하나님, 왕이신 예수님께서 이 땅에 육신의 몸을 입고 오셨다는 것은, 그 자체가 이미 하나님의 나라가 이 땅에 임했다는 것을 말합니다.

"회개하라, 천국이 가까웠느니라." 이 메시지는 참으로 놀라운 메시지입니다. 감히 죄인인 인간이 하나님께 가까이 갈 수가 없었는데 이제 하나님께서 죄인들을 찾아오셨습니다. 이 얼마나 놀라운 일입니까? 그래서 기독교는 거룩하신 하나님께서 죄인들을 구원하시기 위해서 친히 찾아오신 은혜와 복의 종교입니다.

2) 예수님께서 스스로 인류의 죄를 위해 희생 제물이 되시기 위해 오셨습니다.

성경은 예수님 자신 스스로가 인류의 죄를 위해 희생의 제물이 되심으로 지성소와 성소를 가로막고 있던 성전의 휘장을 찢으시고, 지성소와 성소의 구별을 없앴다고 합니다. 이것은 예수님 스스로가 천국 문을 활짝 열어 놓으시고 택한 유대 민족뿐만 아니라, 지구촌의 이방인들에게도 언제든지 누구든지 하나님께 와서 죄를 회개하고, 죄 사함을 받으라는 부르심입니다.

히 9:12-14절에 "염소와 송아지의 피로 아니 하고, 오직 자기 피로 영원한 속죄를 이루사 단번에 성소에 들어가셨느니라. 염소와 황소의 피와 및 암송아지의 재로 부정한 자에게 뿌려 그 육체를 정결케 하여 거룩케 하거든 하물며 영원하신 성령으로 말미암아 흠 없는 자기를 하나님께 드린 그리스도의 피가 어찌 너희 양심으로 죽은 행실에서 깨끗하게 하고 살아계신 하나님을 섬기게 못하겠느뇨."라고 말씀하신 것처럼 오늘 우리는 예수 그리스도의 보혈의 피로 말미암아 우리의 죽은 행실에서 깨끗하게 하고 살아계신 하나님을 섬기게 한 것입니다. 할렐루야!

히 10:19-20절, "그러므로 형제들아, 우리가 예수의 피를 힘입어 성소에 들어갈 담력을 얻었나니 그 길은 우리를 위하여 휘장 가운데로 열어 놓으신 새로운 살 길이요 휘장은 곧 그의 육체니라."

이천 년 전에 예수님께서 십자가 위에서 죽임을 당하실 때 예루살렘 성전에 지성소와 성소를 가로막고 있던 휘장이 위에서 아래까지 저절로 찢어졌습니다. 휘장은 예수님의 육체이며, 예수님께서 운명하실 때 휘장이 찢겨진 것은 예수님께서 이제 인류의 구원을 위해 새로운 살 길을 열어 놓으셨다는 것입니다. 그러므로 이제는 언제든지 누구든지 예수 그리스도를 믿음으로 고백하고 회개하기만 하면 주님 앞에 나아갈 수 있게 되었습니다.

요 14:6절, "예수께서 가라사대 내가 곧 길이요 진리요 생명이니 나로 말미암지 않고는 아버지께로 올 자가 없느니라."

이제는 구약에 모세가 전한 율법을 지키므로 구원을 받는 것이 아니라, 예수 그리스도를 믿음으로 구원을 받을 수 있게 되었습니다.

행 16:31절에 "이르되 주 예수를 믿으라, 그리하면 너와 네 집이 구원을 받으리라" 하고 말씀하신 것처럼 예수를 믿으면 구원을 얻습니다. 그러므로 예수를 믿음으로 구원받는다는 것은 유대인들에게는 대단한 충격이었고, 이방인에게는 놀라운 복음의 기쁜 소식이었습니다.

요 8:24절, "이러므로 내가 너희에게 말하기를 너희가 너희 죄 가운데서 죽으리라 하였노라. 너희가 만일 내가 그인줄 믿지 아니하면 너희 죄 가운데서 죽으리라." 그러므로 이제는 언제든지 누구든지 이천 년 전에 육신의 몸을 입고 이 땅에 오셔서 십자가 위에서 피 흘려 죽으신 예수께서 구약의 창조주 하나님이신 것을 믿지 아니하면 너희 죄 가운데서 죽으리라는 것입니다.

이처럼 하나님께서는 인류에게 예수 그리스도를 믿는 믿음이란 큰 선물을 통해 인류를 천국으로 인도하십니다. 그래서 예수님은 공생애 사역의 첫 일성이 "회개하라, 천국이 가까이 왔느니라."고 선포하신 것입니다. 천국이 가까이 왔다는 것은 하나님의 나라가 임하고 있다는 것입니다.

2. 그럼 하나님의 나라는 어떻게 임할까요?

1) 개인의 회개를 통해서 하나님의 나라가 임합니다.

하나님의 나라는 어떤 영토나 장소의 개념이 아닙니다. 하나님의 나라는 개개인이 하나님을 만나 자신의 죄의 회개를 통해서 이루어집니다. 그래서 마 4:17절에 "이 때부터 예수께서 비로소 전파하여 가라사대 회개하라 천국이 가까이 왔느니라 하시더라."라고 마태 기자는 말씀하고 있습니다.

여기서 회개란! 지금까지 내가 나를 주장하며 다스려 왔는데, 이제 예수 그리스도께서 나의 주인이 되시고, 나를 주장하시고, 나를 다스리는 왕으로 모시기로 결심하고 돌이키는 것입니다. 이처럼 하나님의 나라는 개개인의 회개를 통해 확장되는 것입니다. 그런 의미에서 하나님의 나라는 지금도 계속해서 확장되고 있습니다.

시 47:7절에 "하나님은 온 땅에 왕이심이라."라고 하셨습니다.

그러므로 하나님의 나라는 주님께서 온전히 나를 지배하시고 나를 다스릴 때에만 하나님과의 관계가 지속되고 영적인 신앙생활을 할 수 있습니다.

2) 하나님의 나라는 성령을 받음으로 이루어집니다.

성령은 하나님의 영으로, 성령을 받으면 개인의 심령이 천국이 됩니다. 성령을 받으면 그때부터 성령이 그 사람을 다스리기 때문에 하나님의 나라가 그 성령을 받은 개인 속에서 이루어집니다.

요 3:5절, "예수께서 대답하시되 진실로 진실로 네게 이르노니 사람이 물과 성령으로 나지 아니하면 하나님 나라에 들어갈 수 없느니라."

예수님은 말씀하시기를 사람이 성령을 받지 아니하면 하나님의 나라에 들어갈 수가 없다고 하십니다. 성령은 하나님의 영이시고 본체(本體)이십니다. 그러므로 성령을 받으면 그때부터 성령께서 그 사람을 다스림으로 하나님의 나라가 그 사람에게 임한 것입니다.

마 12:28절, "그러나 내가 하나님의 성령을 힘입어 귀신을 쫓아내는 것이면 하나님의 나라가 이미 너희에게 임하였느니라."

마태는 하나님의 능력이 나타나는 것을 하나님의 나라가 임했다고 하였습니다. 오늘 우리가 하나님의 성령으로 다스림을 받는다면 우리 마음속에 이미 하나님의 나라가 임한 것입니다.

3) 복음이 땅 끝까지 전파되는 것이 이 땅에 하나님의 나라가 확장되고 이루어지는 것입니다.

마 24:14절, "이 천국 복음이 모든 민족에게 증거되기 위하여 온 세상에 전파되리니 그제야 끝이 오리라."

행 1:8절, "오직 성령이 너희에게 임하시면 너희가 권능을 받고 예루살렘과 온 유대와 사마리아와 땅 끝까지 이르러 내 증인이 되리라 하시니라."

하나님의 나라가 이 땅에 실현되는 것은 전도자의 전도를 통해서 복음이 땅 끝까지 전파될 때 하나님 나라가 이루어집니다. 예수님은 이 땅에 오셔서 공생애 기간 동안 부지런히 천국 복음을 전파하셨고 또한 열두 제자와, 칠십 문도를 세워 복음을 전파하게 하셨습니다. 그리고 교회시대에는 성도들에게 성령을 부어주시어 땅 끝까지 복음을 전파하게 하셨습니다. 그러므로 하나님의 나라는 그리스도인들의 전도와 선교를 통해 복음이 전파되는 곳에는 하나님의 나라가 임합니다. 그래서 그리스도인들은 말세에 더욱 전도와 선교에 관심을 가져야 합니다.

4) 하나님 나라의 완전한 실현은 미래의 시점에서 완전히 이루어집니다.

살전 4:16-18절, "주께서 호령과 천사장의 소리와 하나님의 나팔로 친히 하늘로 좇아 강림하시리니 그리스도 안에서 죽은 자들이 먼저 일어나고 그 후에 우리 살아남은 자도 저희와 함께 구름 속으로 끌어 올려 공중에서 주를 영접하게 하시리니 그리하여 우리가 항상 주와 함께 있으리라. 그러므로 이 여러 말로 서로 위로하라."

하나님 나라의 완전한 실현은 지금 이루어진 것이 아니라, 하나님의 나라는 지금부터 미래 시점인 천사장의 나팔 소리와 함께 주님께서 다시 이 땅에 재림하실 때 완전한 하나님의 나라의 실현을 보게 될 것입니다. 그러므로 성도는 주님의 재림을 사모하며 기다려야 합니다.

그런데 마 25:1-13절에 보면 신랑을 맞으러 나간 열 처녀가 있었는데, 다섯은 슬기롭고 다섯은 미련하여 미련한 다섯 처녀는 신랑을 맞이하지 못했다고 말씀하고 있습니다. 마지막 시대에 살고 있는 성도들은 밤이나 낮이나 주님의 재림을 사모하고 기다리는 슬기로운 다섯 처녀처럼, 주님의 재림을 준비하며 하나님의 나라가 속히 임하기를 사모하고 기다리는 성도가 되어야 합니다.

3. 그럼 "나라가 임하시오며"라고 기도하라는 의미는 무엇일까요?

1) 주님이 다스리는 나라가 되게 해달라고 기도하라는 것입니다.

사단의 지배와 영향을 받은 사람들이 다스리는 땅에는 평화가 없고 싸움과 분열과 전쟁뿐입니다. 그러나 우주와 만물을 창조하신 주님께서 직접 다스리는 나라가 되면 미움도 다툼도 전쟁도 없고 언제나 평화만 넘칠 것입니다.

복음성가에 이런 찬양이 있습니다.

"사막에 샘이 넘쳐흐르리라, 사막에 꽃이 피어 향내내리라,
주님이 다스릴 그 나라가 되면은 사막이 꽃동산 되리.
사자들이 어린 양과 뛰놀고 어린이가 함께 뒹구는
참사랑과 기쁨의 그 나라가 이제 속히 오리라.
사막에 숲이 우거지리라. 사막에 예쁜 새들 노래하리라.
주님이 다스릴 그 나라가 되면은 사막이 낙원되리라.
독사 굴에 어린이가 손 넣고 장난쳐도 물지 않는
참사랑과 기쁨의 그 나라가 이제 속히 오리라."

이 땅에 주님이 다스릴 그 나라가 속히 와야 합니다. 주님이 오셔서 다스릴 때 모든 얼굴에서 눈물을 씻기시며 고통과 사망이 사라지고 그 백성의 수치를 온 천하에서 제하실 것입니다. 인간들이 다스리는 나라는 전쟁과 권모와 술수 비리와 억압, 차별이 있어서 언제나 평안이 없습니다. 그래서 주님이 다스리는 나라가 속히 와야 합니다.

2) 주님의 재림을 소망하라는 것입니다.

필자가 처음 신앙 생활하던 70년대 초는 사람들이 정말 주님의 재림을 사모하는 심정으로 신앙생활을 하였습니다. 그래서 그때 즐겨 부르던 찬양이 '주님 고대가'였습니다.

1절 - 낮에나 밤에나 눈물 머금고 내 주님 오시기만 고대합니다.

가실 때 다시 오마 하신 예수님. 오, 주여! 언제나 오시렵니까?

2절 - 고적하고 쓸쓸한 빈 들판에서 희미한 등불만 밝히여 놓고 오실 줄만 고대하고 기다리오니 오, 주여! 언제나 오시렵니까?

3절 - 먼 하늘 이상한 구름만 떠도 행여나 내 주님 오시는가해 머리 들고 멀리멀리 바라보는 맘. 오, 주여! 언제나 오시렵니까?

그런데 요즘 예수 믿는 사람들은 별로 예수님의 재림을 고대하지 않습니다. 아니 오히려 예수님께서 빨리 오시면 어떻게 하나 하는 걱정을 합니다.

왜냐하면 사람들이 살고 있는 세상이 옛날보다 훨씬 살기 좋아졌기 때문입니다.

그래서 사람들은 늙고 병들고 죽는 것을 서러워합니다.

주기도문에 예수님께서 가르치신 "나라가 임하시오며"란 주님께서 속히 오시기를 소망하며 기도 하라는 것입니다.

계 22:20절, "이것들을 증거하신 이가 가라사대 내가 진실로 속히 오리라 하시거늘 아멘 주 예수여 오시옵소서."

계 3:11절, "내가 속히 임하리니 네가 가진 것을 굳게 잡아 아무나 네 면류관을 빼앗지 못하게 하라."

계 22:7, 12, 20절, "보라 내가 속히 오리니"

성도의 유일한 소망은 주님이 이 땅에 속히 오시는 것이어야 합니다.

초대교회 성도들은 행 1:11절에 "하늘로 올리우신 이 예수는 하늘로 가심을 본 그대로 오시리라."라는 말씀을 기억하면서 정말로 주님께서 속히 오실 것을 기다리며 소망하면서 신앙생활을 하였습니다. 그래서 초대교회 성도들은 정말로 욕심이 없었습니다. 집 있는 자와 땅 있는 자들은 집과 땅을 사도들에게 내 놓고 오직 예수 그리스도의 재림을 소망하며 복음을 전파하는 것에 전무하며 신앙생활을 하였던 것은 초대교회 성도들이 오직 예수님의 재림만 사모하였기 때문입니다.

그러므로 그리스도인들의 소망은 오직 주님께서 이 땅에 속히 오셔서 다스리는 그 나라가 임하게 해달라고 기다리고 기도해야 하는 것입니다. 그것이 주기도문의 가르침이기도 합니다.

결론

오늘 주님께서 가르치신 주기도문 중에 “나라가 임하시오며” 라고 기도하라는 주님의 뜻이 무엇인 줄 깨닫고 하나님의 나라, 아버지의 나라가, 속히 임하게 해달라고 기도해야 합니다. 교회 시대에 영적으로는 이미 주님의 나라가 임했지만, 아직 주님의 온전한 통치는 이루어지지 않고 있습니다.

주님은 말씀하십니다.

눅 17:20-21절, “바리새인들이 하나님의 나라가 어느 때에 임하나이까 묻거늘 예수께서 대답하여 가라사대 하나님의 나라는 볼 수 있게 임하는 것이 아니요, 또 여기 있다 저기 있다고도 못하리니 하나님의 나라는 너희 안에 있느니라.”

마 12:28절, “그러나 내가 하나님의 성령을 힘입어 귀신을 쫓아내는 것이면 하나님의 나라가 이미 너희에게 임하였느니라."

예수 믿고, 죄를 회개하고, 예수의 이름으로 침례 받고, 성령의 선물을 받고, 성령의 다스림을 받는 사람은 이미 하나님 나라가 그 마음속에 이루어진 것입니다. 하나님의 다스림을 받는 사람은 주님을 섬기며, 주님을 찬양하고 경배하며 예배를 사모하고 신앙의 열심을 냅니다. 주님이 다스리는 그 나라가 되게 하려면 그리스도인으로서 주님께 복종하고 순종하는 삶이 되어야 합니다. 그리고 주님이 다스리는 나라가 속히 임하게 기도해야 합니다. 아멘!

본 설교에 인용된 성경 구절의 핵심 요점

1) 마 4:17, "회개하라 천국이 가까이 왔느니라."

2) 히 9:12-14, "오직 자기 피로 영원한 속죄를 이루사"

3) 히 10:19-20, "예수의 피를 힘입어 성소에 들어갈 담력을 얻었나니"

4) 요 14:6, "예수께서 가라사대 내가 곧 길이요 진리요 생명이니"

5) 행 16:31, "이르되 주 예수를 믿으라, 그리하면 너와 네 집이 구원을 받으리라 하고"

6) 요 8:24, "내가 그인 줄 믿지 아니하면 너희 죄 가운데서 죽으리라."

7) 마 4:17, "회개하라 천국이 가까이 왔느니라 하시더라."

8) 시 47:7, "하나님은 온 땅에 왕이심이라."

9) 요 3:5, "사람이 물과 성령으로 나지 아니하면 하나님 나라에 들어갈 수 없느니라."

10) 마 12:28, "하나님의 나라가 이미 너희에게 임하였느니라."

11) 마 24:14, "이 천국 복음이 모든 민족에게 증거되기 위하여 온 세상에 전파되리니 그제야 끝이 오리라."

12) 행 1:8, "오직 성령이 너희에게 임하시면"

13) 살전 4:16-18, "강림하시리니...그리하여 우리가 항상 주와 함께 있으리라."

14) 마 25:1-13, "신랑을 맞으러 나간 열 처녀가"

15) 계 22:20, "내가 진실로 속히 오리라 하시거늘"

16) 계 3:11, “내가 속히 임하리니”

17) 계 22:7, 12, 20, “보라 내가 속히 오리니”

18) 행 1:11, “이 예수는 하늘로 가심을 본 그대로 오시리라.”

19) 눅 17:20-21, “하나님의 나라는 너희 안에 있느니라.”

20) 마 12:28, “하나님의 나라가 이미 너희에게 임하였느니라.”

심화 학습 (주기도문 성경공부하기)

1) 성경에서 가르치는 '나라'의 의미를 설명해 보세요.

2) 하나님의 나라는 무엇인지 설명해 보세요.

3) '회개하라 천국이 가까이 왔느니라' 하신 뜻은 무엇인지 설명해 보세요.

4) 하나님의 나라는 어떻게 임합니까?

5) 성도는 어떻게 주님의 재림을 기다려야 합니까?

5강

뜻이 하늘에서 이룬 것 같이,
땅에서도 이루어지이다

5강

뜻이 하늘에서 이룬 것 같이, 땅에서도 이루어지이다

본문: 마6:9-13

주기도문의 다섯 번째 단락은 두 부분으로 나누어져 있습니다.

첫째는 "뜻이 하늘에서 이룬 것 같이"라는 기도문과, 두 번째는 "땅에서도 이루어지이다."라는 기도문입니다.

주기도문의 가르침에서 "뜻이 하늘에서 이룬 것 같이"라는 뜻은 누구의 뜻이 하늘에서 이루어졌다는 것이고, "땅에서도 이루어지이다."는 무슨 뜻이 땅에서 이루어지도록 기도하라는 것인지 그 의미를 깨달아야 합니다.

주기도문의 다섯 번째 단락에서 첫째, "뜻이 하늘에서 이룬 것 같이"라고 말씀한 뜻은 창조주 하나님의 뜻, 하늘에 계신 우리 아버지의 뜻을 가리키는 말씀입니다. "뜻이 하늘에서 이룬 것 같이"라는 말씀은 창조주 하나님께서 계시는 하늘에서는 하나님의 뜻이 완전히 실현되고 성취되었다는 것입니다.

시 103:21절, "여호와를 봉사하여 그 뜻을 행하는 너희 모든 천군이여, 여호와를 송축하라."

하나님의 보좌 주변에는 항상 천사들이 있어서 하나님의 뜻을 받들어 순종함으로 하나님의 뜻이 이루어지고 실현됩니다. 그러므로 오늘 우리는 하늘에서 이루어진 하나님의 뜻과, 땅에서 이루어질 하나님의 뜻이 무엇인지 그 의미를 깨닫는 것이 중요합니다.

성경에 기록된 하나님의 뜻은 하나님의 절대적 주권이며, 하나님의 절대적 고유 권한입니다. 그러므로 하늘에나, 땅에나, 땅 아래나 그 누구도 하나님의 절대적 권위에 대항할 자 없습니다.

성경에 하나님께서 "너는 반드시 죽으리라" 하셨을지라도 하나님께서 죽이지 않고 살리신다면, 그 또한 하나님의 절대적 주권이며 하나님의 절대적 고유 권한입니다. 반대로 하나님께서 "너는 반드시 살리라" 하셨지만 하나님께서 죽이신다면, 그 또한 하나님의 절대적 주권이며 또한 하나님의 절대적 고유 권한입니다. 그러므로 성경에 기록된 하나님의 말씀을 보면 하나님의 뜻은 하나님의 절대적 주권이며, 하나님의 절대적 고유권한이기 때문에 하나님의 뜻은 상황에 따라 변할 수도 있고, 변하지 않을 수도 있음을 알아야 합니다.

구약 성경 요나서를 보면 하나님은 니느웨 백성들의 죄악으로 인해 니느웨 성을 멸망시키실 것을 결심하시고, 요나 선지자에게 "너는 니느웨 성에 가서 말씀을 선포하라, 니느웨 성이 40일이 지나면 무너질 것이라."라고 선포하라 하셨습니다. 그런데 요나는 니느웨로 가기 싫어서 하나님의 명령을 거역하고 다시스로 도망가다가 바다에 큰 풍랑이 일어나 결국 바다에 던져져 큰 물고기 뱃속에서 삼 일 동안 온갖 고난을 당하였습니다. 니느웨 성은 죄악으로 말미암아 멸망 받는 것이 하나님의 뜻이었습니다. 그런데 요나의 외침을 들은 니느웨 백성들은 왕으로부터 어린 아기까지 심지어 짐승까지도 금식시키며 회개하였습니다.

니느웨 백성들이 금식하며 회개한 것을 욘 3:9-10절에 보면 "하나님이 혹시 뜻을 돌이키시고 그 진노를 그치사 우리로 멸망치 않게 하시리라. 그렇지 않을 줄을 누가 알겠느냐? 한지라 하나님이 그들의 행한 것, 곧 그 악한 길에서 돌이켜 떠난 것을 감찰하시고, 뜻을 돌이키사 그들에게 내리리라 말씀하신 재앙을 내리지 아니하시니라."고 하였습니다.

이처럼 니느웨 백성들이 요나의 외침을 듣고 금식하며 회개하였을 때, 하나님은 니느웨 백성들을 멸망시키시려는 뜻을 돌이키셨습니다. 하나님은 때로 자신의 절대적 주권과 고유권한에 따라 하나님의 뜻을 그대로 실행하시기도 하고, 뜻을 돌이키시기도 하신다는 것을 깨달아야 합니다.

이런 말이 있습니다. '엿장수가 엿을 팔기 위해서 하루 가위질을 몇 번 할까?'라는 말이 있습니다. 그것은 깊이 생각할 것 없이 엿장수 마음대로입니다. 그렇다고 하나님은 어떤 독재자처럼 자기 마음대로 이랬다저랬다 하는 조석으로 변하시는 분은 절대 아니십니다. 하나님은 성경에 분명한 법과 원칙을 갖고 계십니다. 하나님은 그 법과 원칙의 뜻 안에서만 행하십니다.

그렇다면 주기도문의 다섯 번째 단락에서, "뜻이 하늘에서 이룬 것

같이, 땅에서도 이루어지이다."라고 기도하라고 가르치신 말씀 가운데 "뜻이 하늘에서 이룬 것 같이"라는 말씀의 뜻은 하늘에서 하나님의 뜻이 완전하게 실현되고 성취되었다는 것을 말씀합니다.

그러므로 그리스도인들은 하나님의 뜻이 무엇인지 깨달아야 합니다. 그러면 어떻게 하면 그리스도인으로서 하나님의 뜻을 알 수 있을까요?

첫째, 성경을 읽고, 연구하고, 배울 때 하나님의 뜻을 알 수 있습니다.

성경을 읽지 않고, 배우지 않고는 절대로 하나님의 뜻을 알 수 없습니다.

둘째, 기도할 때 하나님의 뜻을 알 수 있습니다.

기도는 하나님의 뜻을 구하고 하나님의 음성을 듣는 것이므로 성도가 기도할 때 하나님의 뜻을 깨달을 수 있습니다.

셋째, 설교 말씀을 들을 때 하나님의 뜻을 깨닫든지 발견할 수 있습니다.

그리스도인들이 예배에 참석하여 하나님의 말씀을 들을 때 하나님의 선하시고 기뻐하신 뜻이 무엇인지 깨달을 수 있습니다. 예를 들면 자녀가 부모님의 뜻을 알려면 부모님의 편에서 조금만 관심가지면 부모님의 뜻을 알 수 있습니다. 자녀를 향한 부모의 뜻이 무엇이겠습니까? 자나 깨나 자식 잘되기를 원하는 것 아니겠습니까?

만약 여러분이 어떤 회사에 다니는 직장인으로 그 회사 대표의 뜻이 무엇인지 알려면 회사의 편에서 조금만 관심가지면 회사 대표의 뜻을 알 수 있습니다. 회사 대표의 뜻이 무엇이겠습니까? 자나 깨나 회사 잘되는 것 아니겠습니까? 만약 여러분이 목사님의 뜻이 무엇인지 알려면 간단합니다. 목사의 편에서 조금만 교회를 생각한다면 목사의 뜻을 금방 알 수 있습니다. 자나 깨나 목사의 뜻이 무엇이겠습니까? 오로지 영혼 구원과 교회 부흥 아니겠습니까?

그렇다면 예수님께서 가르쳐 주신 주기도문의 다섯 번째 단락에서 "뜻이 하늘에서 이룬 것 같이"라고 기도하라 말씀하신 하나님의 뜻이 무엇인지 알고 싶으면, 성경 말씀을 읽고, 기도하고, 예배에 참석하고, 주님 입장에서 생각해 보면, 주님의 뜻이 무엇인지 그 의미를 깨달을 수 있을 것입니다.

하늘에서 이루어진 하나님의 뜻은 대체 무엇일까요?

1. 하나님의 사랑과 용서입니다.

하나님의 사랑과 용서는 뗄 수 없는 불가분의 관계입니다. 창1:31절 보면 하나님께서 천지 창조를 다 끝내시고 보시기에 심히 좋았더라고 말씀하셨습니다. 그 후에 하나님께서 아담의 갈비뼈로 여자 하와를 지으시고 이 땅에 아담과 하와의 후손들이 번창할 즈음에,

창 6:5-7절, "여호와께서 사람의 죄악이 세상에 가득함과 그의 마음으로 생각하는 모든 계획이 항상 악할 뿐임을 보시고 땅 위에 사람 지으셨음을 한탄하사 마음에 근심하시고 이르시대 나의 창조한 사람을 내가 지면에서 쓸어버리되 사람으로부터 가축과 기는 것과

공중의 새까지 그리하리니 이는 내가 그것을 지었음을 한탄함이니라 하시니라."

하늘에서 하나님은 흙으로 지음 받은 사람으로 인해 괴로워하셨습니다. 왜냐하면 하나님의 형상과 모양을 따라 지음 받은 인간이 하나님의 뜻대로 행하지 아니하고 항상 하나님의 뜻을 거스르고 악을 행하는 것을 보셨기 때문입니다. 그러므로 하나님께서는 친히 창조하신 사람들을 지면에서 쓸어버릴 계획을 세우셨습니다. 그런데 하나님은 결국 사랑의 하나님이시기 때문에 인간들을 다 멸하지 못하시고 사랑하시고 용서하셨습니다.

이처럼 사람의 죄악으로 인하여 괴로워하시던 하나님께서 하늘에서 하나님의 뜻을 이루셨는데 그것이 바로 "사랑과 용서"입니다. 하나님은 사랑이십니다. 사랑이신 하나님께서는 사랑과 용서를 하십니다. 하나님은 본래 법과 원칙을 갖고 계시지만, 그 법과 원칙이 절대로 사랑과 용서를 앞서지 못하게 하십니다. 하나님의 편에는 법과 원칙이 있을지라도, 법과 원칙이 절대로 사랑과 용서를 앞서지 못하게 하신다는 이 말은 굉장히 중요한 의미의 말입니다. 그래서 하나님의 법과 원칙은 언제나 하나님의 사랑과 용서의 뜻을 따르는 것입니다.

주님께서 가르치신 주기도문에 "뜻이 하늘에서 이룬 것 같이"라고 할 때 하늘에서 이루어진 하나님의 뜻은 바로 하나님의 사랑과 용서입니다. 세상에는 법과 원칙이 있어도 사람에 따라, 사건에 따라 다르게 적용되는 것을 보고 '코에 걸면 코걸이 귀에 걸면 귀걸이'라고 하는 말이 있습니다. 하나님은 법과 원칙을 갖고 계셔도 그 법과 원칙이 결코 사랑과 용서를 앞서지 못하게 하심을 알 수 있습니다. 그래서 요일 4:16절, "하나님은 사랑이시라"하시며, 마 18:22절 하나님은 "일흔 번에 일곱 번이라도 용서하라."고 말씀하십니다. 그 사랑과 용서의 하나님께서 이 땅에 육신의 몸을 입고 오셔서 인류의 구원을 위해 십자가에 피 흘려 죽으신 것은 몸소 하나님의 사랑과 죄의 용서를 실천하신 것입니다.

요 3:16절, "하나님이 세상을 이처럼 사랑하사 독생자를 주셨으니 이는 저를 믿는 자마다 멸망치 않고 영생을 얻게 하려 하심이니라"

그러므로 주님께서 가르쳐주신 주기도문의 "뜻이 하늘에서 이룬 것 같이"라는 기도문은 하늘에서 이루어진 하나님의 뜻이 바로 하나님의 사랑과 용서라는 것을 알 수 있습니다. 주님은 주기도문의 가르침을 통해 하나님께서 우리를 사랑하신 것처럼, 우리도 서로서로 사랑하고 용서하라는 것입니다.

요 13:34-35절, "새 계명을 너희에게 주노니 서로 사랑하라. 내가 너희를 사랑한 것 같이 너희도 서로 사랑하라. 너희가 서로 사랑하면 이로써 모든 사람이 너희가 내 제자인줄 알리라."

요 15:12절, "내 계명은 곧 내가 너희를 사랑한 것 같이 너희도 서로 사랑하라 하는 이것이니라."

서로서로 사랑하라는 것은 주님께서 주신 새 계명입니다. 그리스도인들은 서로서로 원수 맺지 말고, 서로서로 미워하지 말고, 서로서로 사랑을 실천하라는 것입니다. "뜻이 하늘에서 이룬 것 같이, 땅에서도 이루어지이다"라는 주기도문의 두 번째 가르침은 서로 용서하라는 것입니다.

그러므로 그리스도인들은 주기도문에서 "우리가 우리에게 죄 지은 자를 사하여 준 것 같이 우리의 죄를 사하여 주시옵고" 라고 가르치신 것처럼, 그리스도인들은 서로서로 용서를 실천하며 살아야 합니다. 왜냐하면 우리도 하나님의 사랑과 은혜로 우리의 엄청난 죄를 용서받았기 때문입니다. 따라서 그리스도인들은 다른 사람의 실수와 잘못과 허물과 죄를 용서해야 합니다.

마 6:14-15절, "너희가 사람의 과실을 용서하면 너희 천부께서도 너희 과실을 용서하시려니와 너희가 사람의 과실을 용서하지 아니하면 너희 아버지께서도 너희 과실을 용서하지 아니하시리라."

엡 4:32절, "서로 인자하게 하며 불쌍히 여기며 서로 용서하기를 하나님이 그리스도 안에서 너희를 용서하심과 같이 하라."

막 11:25절, "서서 기도할 때에 아무에게나 혐의가 있거든 용서하라. 그리하여야 하늘에 계신 너희 아버지도 너희 허물을 사하여 주시리라 하셨더라."

2. 예수님의 성육신이 아버지의 뜻입니다.

요 6:38-40절, "내가 하늘로서 내려온 것은 내 뜻을 행하려 함이 아니요, 나를 보내신 이의 뜻을 행하려 함이니라. 나를 보내신 이의 뜻은 내게 주신 자 중에 내가 하나도 잃어버리지 아니하고 마지막 날에 다시 살리는 이것이니라. 내 아버지의 뜻은 아들을 보고 믿는 자마다 영생을 얻는 이것이니 마지막 날에 내가 이를 다시 살리리라 하시니라."

요 8:29절, "나를 보내신 이가 나와 함께 하시도다. 내가 항상 그의 기뻐하시는 일을 행하므로 나를 혼자 두지 아니하셨느니라."

창조주 하나님이신 예수님께서 친히 아들의 직분의 사역을 위해 이 땅에 육신의 몸을 입고 오신 것은, 창조주 아버지의 뜻을 이루시며, 인류를 구원하시기 위함입니다. 그러므로 예수님의 성육신은 아버지의 뜻이었습니다. 예수님께서 아버지의 뜻을 이루시기 위해 친히 이 땅에 육신의 몸을 입고 오셔서 십자가에 죽으신 것처럼, 오늘 우리는 주님의 뜻이 나 개인에게 이루어지기 위해 기도해야 합니다.

그러므로 주님께서 주기도문을 통해 "뜻이 하늘에서 이룬 것 같이 땅에서도 이루어지이다."라고 기도하라고 하신 것은 그리스도인들이 신앙생활을 통해 개인의 뜻을 이루기 위해 신앙생활하지 말고, 땅에서 창조주 하나님의 뜻이 이루어지게 기도하고 신앙생활 하라는 것입니다. 성도는 마땅히 창조주 하나님 아버지의 뜻이 땅에서 이루어지도록 간절히 기도하고 그 뜻에 순종하며 신앙생활에 힘써야 합니다.

3. 이 땅에 잃어버린 영혼 구원이 아버지의 뜻입니다.

마 18:14절, "이와 같이 이 소자 중에 하나라도 잃어지는 것은 하늘에 계신 너희 아버지의 뜻이 아니니라."

"뜻이 하늘에서 이룬 것같이 땅에서도 이루어지이다."라고 기도하라는 주님의 가르침은 무엇보다도 이 땅에 창조주 하나님을 모르고 잃어버려진 영혼의 구원을 위해서 기도하라는 것입니다. 어린 소자 하나라도 잃어버려지는 것은 하늘에 계신 아버지의 뜻이 아닙니다. 사람들은 교회에서 어른들의 영혼은 중요하게 생각하고 관심을 갖지만 어린 아이들의 영혼들은 가볍게 취급하는 경우가 있습니다. 하나님은 어른의 영혼이나, 어린 아이의 영혼을 똑같이 취급하십니다.

마 19:13-14절, "때에 사람들이 예수의 안수하고 기도하심을 바라고 어린 아이들을 데리고 오매 제자들이 꾸짖거늘, 예수께서 가라사대 어린 아이들을 용납하고 내게 오는 것을 금하지 말라. 천국이 이런 자의 것이니라 하시고."

제자들은 어린 아이들이 오는 것을 꾸짖었지만, 예수님은 어린 아이들이 내게 오는 것을 금하지 말라고 말씀하셨습니다. 주님은 어린 아이들도 구원받아야 할 영혼들이라고 말씀하십니다.

요 6:40절, "내 아버지의 뜻은 아들을 보고 믿는 자마다 영생을 얻는 이것이니 마지막 날에 내가 이를 다시 살리리라 하시니라."

그럼 성도가 이 땅에서 아버지의 뜻을 이루려면 어떻게 해야 할까요?

1) 자신을 쳐 복종시켜야 합니다.

하나님의 뜻이 나에게 이루어지기 위해서는 나의 뜻이 하나님의 뜻보다 앞서서는 안 됩니다. 사람들은 신앙생활 하면서도 하나님의 뜻을 구하고 찾기보다는, 먼저 나의 뜻과 나의 계획에 우선순위를 둡니다. 나의 뜻, 나의 기도 제목만 이루어지길 바라면 하나님의 뜻은 이루어질 수 없습니다. 그러므로 성도의 삶을 통해 하나님의 뜻이 이 땅에 이루어지기 위해서는 하나님의 말씀으로 자신을 쳐서 복종시켜야 합니다.

고전 9:27절, "내가 내 몸을 쳐 복종하게 함은 내가 남에게 전파한 후에 자기가 도리어 버림이 될까 두려워함이로라."

자신을 쳐서 복종시킨다는 것은 육신의 정욕과 안목의 정욕과 이생의 자랑을 따라 하고 싶은 것, 먹고 싶은 것, 가지고 싶은 것, 허탄한 것을 버리고 자신을 쳐서 하나님의 뜻에 따르는 것입니다. 성도가 자신의 생각, 의지, 뜻을 버리고 하나님의 뜻에 복종할 때 하나님의 뜻이 이 땅에 이루어집니다.

2) 헌신이 있어야 합니다.

하나님의 뜻이 이 땅에 이루어지기 위해서는 그리스도인들의 절대적인 헌신이 있어야 합니다. 헌신이란 말 그대로 자기 자신을 하나님께 드려 희생하는 것입니다. 영어에 자기희생을 Self-Sacrifice라 합니다. 헌신은 오직 자기희생을 통해서만 가능합니다.

하나님의 뜻이 이 땅에 이루어지게 하기 위해서는 때로는 물질을 드리고, 때로는 시간을 드리고, 때로는 몸 바쳐 헌신하고, 때로는 자신의 재능을 드리고, 때로는 생명까지 드리는 것이 바로 헌신입니다. 그리스도인들의 헌신이 많으면 많을수록 하나님의 뜻은 이 땅에 속히 이루어질 것입니다.

3) 하나님의 명령을 생명 같이 여겨야 합니다.

군인이 상관의 명령을 생명 같이 여기듯이, 그리스도인들은 하나님의 명령을 생명 같이 여겨야 합니다. 요 12:50절에 "나는 그의 명령이 영생인줄 아노라." 그리스도인들이 하나님의 명령을 생명과 같이 여길 때 하나님의 뜻이 이 땅에 이루어집니다.

결론

주기도문의 다섯 번째 단락의 강해 설교를 통해서 하늘에서는 하나님의 뜻이 이루어졌음을 가르치고 있습니다. 오늘 우리는 땅에서 이루어져야 할 하나님의 뜻을 위해 기도해야 합니다. 땅에서 이루어져야 할 하나님의 뜻이 무엇일까요?

1) 서로서로 사랑하고 용서하라는 것입니다.

2) 창조주 하나님을 모르고 잃어버려진 영혼 구원을 위해서 기도하고 전도하라는 것입니다.

3) 하나님의 다스림과 통치가 이 땅에 이루어지게 하라는 것입니다.

하나님의 뜻이 우리 그리스도인들을 통해 이루어지도록 늘 자신을 쳐서 복종하는 헌신과 희생이 있어야 합니다.

본 설교에 인용된 성경 구절의 핵심 요점

1) 시 103:21, “여호와를 봉사하여 그 뜻을 행하는 너희 모든 천군이여, 여호와를 송축하라.”
2) 욘 3:9-10, “하나님이 혹시 뜻을 돌이키시고”
3) 창 1:31, “보시기에 심히 좋았더라.”
4) 창 6:5-7, “땅 위에 사람 지으셨음을 한탄하사”
5) 요일 4:16, “하나님은 사랑이시라.”
6) 마18:22, “일흔 번에 일곱 번이라도 용서하라.”
7) 요 3:16, “저를 믿는 자마다 멸망치 않고 영생을 얻게 하려 하심이니라.”
8) 요 13:34-35, “새 계명을 너희에게 주노니 서로 사랑하라.”
9) 요 15:12, “내가 너희를 사랑한 것 같이 너희도 서로 사랑하라.”
10) 마 6:14-15, “너희가 사람의 과실을 용서하면 너희 천부께서도 너희 과실을 용서하시려니와 너희가 사람의 과실을 용서하지 아니하면 너희 아버지께서도 너희 과실을 용서하지 아니하시리라.”
11) 엡 4:32, “서로 인자하게 하며 불쌍히 여기며 서로 용서하기를”
12) 막 11:25, “서서 기도할 때에 아무에게나 혐의가 있거든 용서하라. 그리하여야 하늘에 계신 너희 아버지도 너희 허물을 사하여 주시리라 하셨더라.”
13) 요 6:38-40, “아버지의 뜻은 아들을 보고 믿는 자마다 영생을 얻는 이것이니”
14) 요 8:29, “나를 보내신 이가 나와 함께 하시도다.”

15) 마 18:14, "소자 중에 하나라도 잃어지는 것은 하늘에 계신 너희 아버지의 뜻이 아니니라."

16) 마 19:13-14, "어린 아이들을 용납하고 내게 오는 것을 금하지 말라."

17) 요 6:40, "아들을 보고 믿는 자마다 영생을 얻는 이것이니"

18) 고전 9:27, "내가 내 몸을 쳐 복종하게 함은"

19) 요 12:50절, "나는 그의 명령이 영생인 줄 아노라."

심화 학습 (주기도문 성경공부하기)

1) 하나님의 절대적 주권에 대해 설명해 보세요.

2) 하나님의 사랑과 용서에 대해 설명해 보세요.

3) 지금 마음에 미워하는 사람이 있으면 용서하게 해달라고 기도합시다.

4) 하늘에서 이루어진 하나님의 뜻에 대해 설명해 보세요.

5) 하나님의 뜻이 나에게 이루어지고 있는가 설명해 보세요.

6강

오늘날 우리에게
일용할 양식을 주시옵고

6강

오늘날 우리에게 일용할 양식을 주시옵고

본문: 마6:9-13

주기도문 첫 번째 강해 설교에서 주기도문은 세 부분으로 나누어져 있다고 말씀을 드렸습니다.

첫째 부분, 하나님을 향한 찬양과 경배에 관한 기도문입니다.

1) 하늘에 계신 우리 아버지여

2) 이름이 거룩히 여김을 받으시오며

3) 나라가 임하시오며

4) 뜻이 하늘에서 이루어진 것 같이 땅에서도 이루어지이다.

둘째 부분, 기도자 자신을 향한 간구입니다.

1) 우리에게 일용할 양식을 주시옵고

2) 우리 죄를 사하여 주시옵고

3) 우리를 시험에 들게 하지 마시옵고

셋째 부분, 하나님을 높이는 송영입니다.

1) 나라와 권세와 영광이 아버지께 영원히 있사옵니다. 아멘!

주기도문의 내용이 이와 같이 배열된 것은 기도의 우선적 관심은 창조주 하나님께 두고, 그 다음은 기도하는 자가 자신의 신앙생활에 필요한 부분을 위해 기도할 것을 가르칩니다.

주님은 왜 주기도문의 가르침에서 "오늘날 우리에게 일용할 양식을 주시옵고"라고 기도하라 하셨을까요?

일용할 양식이란 인간이 세상을 살아가는데 있어서 가장 기본적으로 생존을 위해 충족되어야 할 중요한 육의 양식이기 때문입니다. 인류 역사는 이 육의 양식을 먹기 위해 발전해 왔다고 해도 과언이 아닙니다. 사람들이 농사를 짓고, 가축을 기르고, 직업을 갖고, 사업을 하고, 학문을 연구하고, 인류 사회에 산업 혁명과, 정보 혁명이 일어난 것도, 결국은 인간이 생존하는데 필요한 일용할 양식을 얻고 의식주 문제를 해결하기 위해서 인류 역사가 발전해 온 것입니다.

그만큼 인간이 살아가는 세상에서 일용할 양식, 즉 먹는 문제의 비중은 엄청난 것입니다. 그래서 이런 말이 있습니다. '사람이 살기 위해 먹느냐, 먹기 위해 사느냐?' 라는 말이 있기도 합니다. 여러분은 어느 쪽입니까? 살기 위해 먹든, 먹기 위해 살든, 중요한 것은 먹어야 할 양식이 있어야 합니다. 양식이 없이는 인간의 생명을 유지할 수 없기 때문입니다. 심지어 인간 사회는 이 양식을 빼앗기 위해 때로는 전쟁도 불사합니다. 세계 역사뿐 아니라, 성경의 역사를 보아도 인류는 양식을 빼앗기 위해 수많은 전쟁을 치렀습니다.

창 14:11-12절에 보면 "네 왕이 소돔과 고모라의 모든 재물과 양식을 빼앗아 가고 소돔에 거하는 아브라함의 조카 롯도 사로잡고 그 재물까지 노략하여 갔더라."라고 하였다. 이를 볼 때 세상에는 인간들이 존재하면서부터 양식과 재물을 빼앗기 위해 전쟁과 약탈을 한 것을 알 수 있습니다.

창 28:20절에 보면 야곱이 외삼촌 라반의 집으로 도망가면서 "야곱이 서원하여 가로되 하나님께서 나와 함께 계시사 내가 가는 이 길에서 나를 지키시고 먹을 양식과 입을 옷을 주사"라고 하나님께 기도합니다. 야곱은 나그네의 인생길에 먹어야 할 양식의 중요성을 깨닫고 하나님께 나그네 길에 먹을 양식을 달라고 기도하였습니다.

창세기에 보면 야곱과 그의 자손들이 가나안 땅에 기근으로 말미암아 양식이 없어 애굽으로 양식을 사러 갔다가 오래 전에 자신들이 장사꾼에게 팔아버린 요셉을 만나게 됐습니다. 뿐만 아니라 그 양식 문제 때문에 애굽으로 내려간 이스라엘 자손들이 결국 애굽에서 430년 동안 노예생활을 하게 되었습니다.

그리고 출애굽한 이스라엘 백성들이 광야에서 40년간 연단을 받을 때도 중요한 것은 먹을 양식이었습니다. 그래서 하나님은 하늘에서 '만나'라는 일용할 양식을 40년간 매일 내려주셨습니다. 그만큼 육체의 몸을 입고 살아가는 인간에게 일용할 양식은 생명을 유지하는 데 없어서는 안 될 아주 중요한 것입니다. 인간이 육체의 몸을 입고 있는 동안에는 일용할 양식을 먹지 않고는 절대로 생명을 유지할 수 없습니다. 사람은 영, 혼, 육으로 이루어져 있기 때문에 우리의 영은 하늘로부터 오는 하나님의 말씀을 먹어야 살지만, 그러나 우리의 육체는 땅에서 나는 육의 양식을 먹어야 생명을 유지할 수 있습니다.

주기도문의 일용할 양식에 대해 마태는 마 6:11절 "오늘날 우리에게 일용할 양식을 주시옵고"라고 기록한 반면에, 누가는 눅 11:3절에서 "우리에게 날마다 일용할 양식을 주시옵고"라고 기록하였습니다. 왜냐하면 우리 인간은 육의 양식을 매일 먹지 않으면 살 수 없기 때문입니다. 사실 인간이 살아가는 세상에서 의식주 문제를 빼고는 이야기할 것이 없을 정도입니다. 그만큼 인간이 살아가는 세상에서 의식주 문제는 절대로 중요하고 필요한 조건입니다.

그래서 예수님은 제자들에게 주기도문을 가르치시면서 "오늘날 우리에게 일용할 양식을 주옵시고"라고 기도하라고 한 것입니다. 주님께서 주기도문을 통해 우리에게 가르쳐 주신 의미가 무엇인지 살펴보겠습니다.

1. 일용할 양식을 위해서 기도하라.

일용할 양식을 위해 기도하라는 것은 일용할 양식의 공급자는 오직 우주와 만물을 창조하신 창조주 하나님이시라는 것을 가르치는 것입니다. 일용할 양식의 공급자는 이 세상의 어떤 권력가도, 재력가도, 우상의 신(神)도 아니고, 오직 만물을 창조하신 창조주 하나님이십니다.

오늘날 지구촌에 살아가는 수많은 사람들은 일용할 양식을 위해 창조주 하나님께 기도하지 않고, 사람에게 도움을 청하고 또는 우상의 신(神)을 섬기며 우상 신에게 일용할 양식을 구하고 있습니다. 지구촌의 수많은 나라들을 살펴보면 우상을 섬기는 국가일수록 미개하고 가난하고, 일용할 양식이 없어 수많은 사람들이 굶어 죽어가는 것을 볼 수 있습니다.

현대를 살아가는 사람들은 주로 '무엇을 먹을까? 무엇을 마실까? 무엇을 입을까?'라는 의식주(衣食住) 문제로 근심하고 걱정하고 염려하고 있습니다.

마 6:25절, "그러므로 내가 너희에게 이르노니 목숨을 위하여 무엇을 먹을까, 무엇을 마실까, 몸을 위하여 무엇을 입을까 염려하지 말라. 목숨이 음식보다 중하지 아니하며 몸이 의복보다 중하지 아니하냐?"

마 6:26절, "공중의 새를 보라. 심지도 않고 거두지도 않고 창고에 모아들이지도 아니하되 너희 천부께서 기르시나니 너희는 이것들보다 귀하지 아니하냐?"

마 6:28-32절, "또 너희가 어찌 의복을 위하여 염려하느냐, 들의 백합화가 어떻게 자라는가 생각하여 보라. 수고도 아니하고 길쌈도 아니하느니라. 그러나 내가 너희에게 말하노니 솔로몬의 모든 영광으로도 입은 것이 이 꽃 하나만 같지 못하였느니라. 오늘 있다가 내일 아궁이에 던지우는 들풀도 하나님이 이렇게 입히시거든 하물며 너희일까보냐. 믿음이 적은 자들아, 그러므로 염려하여 이르기를 무엇을 먹을까 무엇을 마실까 무엇을 입을까 하지 말라. 이는 다 이방인들이 구하는 것이라. 너희 천부께서 이 모든 것이 너희에게 있어야 할 줄을 아시느니라."

주님은 주기도문을 통해서 사람들이 살아가는 세상에서 가장 필요로 하는 매일의 일용할 양식을 위해서 하나님께 기도하라고 가르치십니다. 그러므로 일용할 양식을 위해 기도하는 것은 절대로 사치와 허영과 욕망이 아닙니다. 사람들은 일용할 양식을 위해 기도하지 않고, 일용할 양식을 위해 내일 무엇을 먹어야 할지 근심, 걱정, 염려만 한다는 것입니다.

일용할 양식은 이 땅에 살고 있는 모든 사람들에게 창조주 하나님의 섭리와 계획안에 생명의 유지를 위해 허용된 것입니다. 일용할 양식을 위해서 기도하라는 것은, 내일 무엇을 먹을지 염려하라는 말이 아닙니다. 그러므로 일용할 양식을 위해 기도하라고 하신 것은 그 양식을 먹고 육을 위해 살지 말고, 하나님의 영광을 위하여 살라는 것입니다.

2. 일하기 싫으면 먹지 말라.

주님께서 주기도문을 통해 일용할 양식을 위해 기도하라고 하신 것은, 일용할 양식의 계획안에는 기도와, 노동의 계획도 함께 포함되어 있다는 것을 깨달아야 합니다. 성경을 잘못 해석하면 사람들이 일하지 않고 일용할 양식을 위해서 기도만 하면, 하나님은 언제나 일용할 양식을 주실 것이라고 착각할 수도 있습니다. 그러나 주기도문의 원뜻은 그리스도인들이 일하지 않고 일용할 양식을 달라고 기도만 하라는 뜻이 절대 아닙니다. 그러므로 그리스도인들이 부지런히 일하고 노동할 때 하나님은 일용할 양식의 문제를 해결해 주십니다.

잠 10:4절, "손을 게으르게 놀리는 자는 가난하게 되고, 손이 부지런한 자는 부하게 되느니라."

잠 6:6-8절, "게으른 자여 개미에게로 가서 그 하는 것을 보고 지혜를 얻으라. 개미는 두령도 없고 감독도 없고 통치자도 없으되, 먹을 것을 여름 동안에 예비하며 추수 때에 양식을 모으느니라."

잠언의 가르침은 말 못하는 미물의 곤충도 자기 양식을 위해 여름 동안에 예비하며 추수 때에 양식을 곡간 안에 모아 놓는다는 것입니다. 하물며 우리 그리스도인들은 더욱 자기 먹을 양식을 위해 일하며, 하나님께 기도해야 합니다. 그리스도인들이 먹을 양식이 없어 굶을 정도가 되면 하나님의 영광을 가리게 됩니다.

창 3:19절, "네가 흙으로 돌아갈 때까지 얼굴에 땀을 흘려야 먹을 것을 먹으리니 네가 그것에서 취함을 입었음이라. 너는 흙이니 흙으로 돌아갈 것이니라 하시니라."

살후 3:10절, "누구든지 일하기 싫어하거든 먹지도 말게 하라."

살전 4:11절, "또 너희에게 명한 것 같이 종용하여 자기 일을 하고 너희 손으로 일하기를 힘쓰라."

출 20:9절, "엿새 동안 힘써 일하라."

하나님께서 인간에게 허락하신 일용할 양식의 계획안에는 반드시 인간이 '얼굴에 땀을 흘려야 식물을 먹는다'는 것을 깨달아야 합니다. 이처럼 성경에 가르침은 한편으로는 열심히 땀 흘려 일하고, 한

편으로는 일용할 양식을 위해 기도할 것을 명령하고 있습니다. 그러므로 그리스도인들이 일용할 양식을 위해 열심히 땀 흘려 일하는 것은 절대로 부끄럽고 수치스러운 것도 고난도 아닙니다. 오히려 일하지 않고 빈둥거리는 것은 하나님의 노동의 계획을 파괴하는 것이고 부끄러운 것입니다.

프랑스의 유명한 화가 밀레가 그린 '만종(晩鐘)'이란 그림이 있습니다. 이 그림은 들에서 땀 흘리며 일하던 어느 노부부가 석양에 멀리서 들려오는 교회 종소리를 들으면서, 잠시 일하던 것을 멈추고 손을 모으고 기도하는 모습을 그린 것입니다. 이 그림은 노동과 기도의 신성함을 가르치고 있습니다.

그러므로 신앙이란 일만 해도 안 되고, 기도만 해도 안 되고, 새의 양 날개와 같이 노동과 기도, 기도와 노동이 함께 가야하는 것입니다. 이와 같이 그리스도인들은 일용할 양식을 위해서 하나님께 기도도 하고, 일용할 양식을 위해 노동이 필요한 것도 깨달아야 합니다.

3. 일용할 양식을 이웃과 함께 나누어라.

우리 지구촌에는 항상 양식이 넉넉한 사람이 있는가 하면, 반대로 굶어 죽어가는 사람들도 있습니다. 하나님께서는 이 땅에 거하는 모든 사람들에게 공평하게 모두가 충분히 먹을 일용할 양식을 주셨습니다. 그런데 욕심이 과한 사람들이 양식을 더 소유하므로 굶어 죽어가는 사람들이 생기는 것입니다.

과학자들의 견해는 우리가 사는 지구촌에는 현재도 약 200억 명까지 먹여 살릴 수 있는 자원이 충분하다는 것입니다. 그런데 왜 우리가 살고 있는 지구촌에 어떤 사람들은 먹을 것이 없어 굶어 죽어갑니까? 그 이유는 강대국들이나 약소국들이나 모두가 전쟁을 대비해 군사력에 막대한 돈과 물자를 쓰기 때문에 지구촌에는 가난한 사람과 굶어 죽어가는 사람들이 있다는 것입니다. 만약에 모든 나라에서 전쟁에 대비한 돈과 물자를 인류 복지(福祉)에 쓴다면, 모든 나라 사람들이 골고루 다 잘 먹고 잘 살 수 있습니다.

예를 들면 사람이 열 명이 있고, 빵이 열 개가 있습니다. 빵을 한 개씩 나누어 주면 모두다 똑같이 나누어 먹을 수 있습니다. 그런데 그중에 한 사람이 빵을 다섯 개를 차지한다면, 나머지 아홉 명은 다섯 개의 빵을 가지고 나누어 먹어야 하기 때문에 빵이 부족할 수밖에 없습니다. 열 명의 사람이 똑같이 빵을 한 개씩 나누어 먹으면 열 명이 다 골고루 먹을 수 있는 것을, 한 사람이나 다수의 사람이 더 많이 가지면 다른 사람은 굶을 수밖에 없는 것입니다.

이와 같이 우리가 살아가는 지구촌에는 부자와 가난한 자가 공존하고 있습니다. 많이 가진 부자는 먹을 것이 없는 가난한 자에게 양식을 나누어 주는 것이 하나님의 뜻인 줄 깨달아야 합니다.

주님께서 주기도문을 통해 "오늘날 우리에게 일용할 양식을 주시옵고"라고 기도하라고 하신 것은 일용할 양식은 나에게만 필요한 일용할 양식이 아니라, 오늘 우리 모두에게 필요한 일용할 양식을 구하라는 것입니다.

오늘날 지구촌 인구의 ⅔ 이상이 개발도상국에 살고 있습니다. 개발도상국에 살고 있는 많은 사람들이 지금 이 시간에도 먹을 것이 없어, 먹을 것을 걱정하며 굶고 있습니다. 멀리 있는 아프리카의 여러 나라는 물론이고, 우리와 가장 가까운 북한도 다른 나라에서 양식을 보내주지 아니하면 굶어 죽을 사람들이 많습니다. 잘 사는 나라의 사람들이 가난한 나라의 사람들을 도와주지 아니하면 수많은 사람들은 굶어 죽을 수밖에 없습니다.

그러므로 주기도문에 우리(our)라는 말은 우리 주변에 양식이 넉넉한 사람이, 양식이 없어 굶주리는 사람들에게 먹을 양식을 나누고 베풀어야 함을 가르칩니다. 나눔이란 절대적인 자기희생과 사랑이 없이는 실천할 수 없습니다.

약 2:15-18절, "만일 형제나 자매가 헐벗고 일용할 양식이 없는데 너희 중에 누구든지 그에게 이르되 평안히 가라, 더웁게 하라, 배부르게 하라, 하며 그 몸에 쓸 것을 주지 아니하면 무슨 이익이 있으리요. 이와 같이 행함이 없는 믿음은 그 자체가 죽은 것이라. 혹이 가로되 너는 믿음이 있고 나는 행함이 있으니 행함이 없는 네 믿음을 내게 보이라, 나는 행함으로 내 믿음을 네게 보이리라."

야고보 기자의 말씀이 아니더라도 예수 믿는 믿음은 베푸는 것이요, 나누는 것이요 구제하는 것입니다. 서로 나누고 베풀고 구제할 때 모두의 풍요가 넘치게 됩니다.

눅 6:38절, "주라, 그리하면 너희에게 줄 것이니 곧 후히 되어 누르고 흔들어 넘치도록 하여 너희에게 안겨 주리라. 너희의 헤아리는 그 헤아림으로 너희도 헤아림을 도로 받을 것이니라."

창조주 하나님은 양식이나 물질을 나누고 베푸는 사람에게 넘치도록 복을 주십니다.

결론

“오늘날 우리에게 일용할 양식을 주시옵고”라고 기도하라 하신 것은 육신의 양식을 위해 기도하라는 것입니다. 그러나 주님은 우리에게 또 다른 음성을 들려주십니다.

마 4:4절, “사람이 떡으로만 살 것이 아니요, 하나님의 입으로 나오는 모든 말씀으로 살 것이라 하였느니라.”

이 말씀은 우리에게는 육신의 양식보다 더 중요한 영의 양식이 있음을 가르쳐 주십니다. 성경은 썩을 육의 양식만 위하여 살지 말고, 영원히 사는 영의 양식을 위하여 살라고 하십니다.

하나님께서 인간에게 매일의 일용할 양식을 허락하신 것은 그 일용할 양식을 먹고 늘 하나님의 영광을 위하여 살라고 주시는 말씀인 줄 깨닫고, 그리스도인으로서 무엇이 하나님께서 기뻐하시는 것인지 힘써 깨달아야 합니다. 아멘!

본 설교에 인용된 성경 구절의 핵심 요점

1) 창 14:11-12, "소돔과 고모라의 모든 재물과 양식을 빼앗아 가고"

2) 창 28:20, "야곱이 서원하여 가로되 먹을 양식과 입을 옷을 주사"

3) 마 6:11, "오늘날 우리에게 일용할 양식을 주시옵고"

4) 눅 11:3, "우리에게 날마다 일용할 양식을 주시옵고"

5) 마 6:25, "목숨을 위하여 무엇을 먹을까, 무엇을 마실까, 몸을 위하여 무엇을 입을까 염려하지 말라."

6) 마 6:26, "공중의 새를 보라."

7) 마 6:28-32, "들풀도 하나님이 이렇게 입히시거든 하물며 너희일까보냐."

8) 잠 10:4, "손이 부지런한 자는 부하게 되느니라."

9) 잠 6:6-8, "게으른 자여 개미에게로 가서 그 하는 것을 보고 지혜를 얻으라."

10) 창3:19, "얼굴에 땀이 흘러야 식물을 먹고"

11) 살후 3:10, "누구든지 일하기 싫어하거든 먹지도 말게 하라."

12) 살전 4:11, "너희 손으로 일하기를 힘쓰라."

13) 출 20:9, "엿새 동안 힘써 일하라."

14) 약 2:15-18, "행함이 없는 믿음은 그 자체가 죽은 것이라."

15) 눅 6:38, "주라 그리하면 너희에게 줄 것이니 곧 후히 되어 누르고 흔들어 넘치도록 하여 너희에게 안겨 주리라. 너희의 헤아리는 그 헤아림으로 너희도 헤아림을 도로 받을 것이니라."

16) 마 4:4절, "사람이 떡으로만 살 것이 아니요, 하나님의 입으로 나오는 모든 말씀으로 살 것이라 하였느니라."

심화 학습 (주기도문 성경공부하기)

1) 일용할 양식이 인간의 삶에 미치는 영향은 어느 정도인지 설명해 보세요.

2) 일용할 양식을 위해 기도하라 하신 하나님의 진정한 뜻은 무엇인지 설명해 보세요.

3) 일용할 양식이 하나님의 계획안에 어떻게 기도와 노동의 계획도 포함되어 있는지 설명해 보세요.

4) 일용할 양식이 하나님의 계획안에 어떻게 나눔의 계획이 포함되어 있는지 설명해 보세요.

5) 마 4:4절을 통해 주기도문에 일용할 양식을 위해 기도하라고 하신 주님의 뜻을 설명해 보세요.

7강

우리의 죄(罪)를 사하여 주시옵고

7강

우리의 죄(罪)를 사하여 주시옵고

본문: 마6:9-13

"우리가 우리에게 죄 지은 자를 사하여 준 것같이 우리의 죄를 사하여 주시옵고"라는 주기도문의 내용을 잘못 이해하면 우리가 다른 사람의 죄를 용서해 주었으니까 하나님께서도 우리의 죄를 용서해 주셔야한다는 어떤 압박이나, 흥정이나, 거래처럼 비칠 수도 있습니다. 그런가 하면 인간들은 언제나 자신에게 죄지은 자를 인자하게 용서해 주고 죄를 사해 주는 것처럼 비칠 수도 있습니다.

인간들은 하나님께 우리의 죄를 사해 달라고 절대로 압박이나 흥정이나 거래를 할 수 없습니다. 뿐만 아니라 인간은 언제나 다른 사람들의 잘못이나 죄에 대해 인자하지도 않습니다.

필자가 생명의 전화라는 상담기관에서 십여 년 동안 수많은 사람들의 상담을 들어 본 결과 사람들은 자신에게 잘못한 사람들을 이해하고 용서하고 사랑하기보다는, 오히려 자신에게 잘못한 사람들을 향해 언젠가는 복수하고 아프게 한 것을 되갚아 주려고 벼르고 있다는 것을 알 수 있었습니다.

부부간에도 보면 서로의 잘못과 허물을 이해하고 용서하고 사랑하기보다는 오히려 서로가 잘못한 것을 되갚아 주려고 원한을 품고 있는 사람들이 더 많습니다. 그래서 아내들이 하는 말 가운데는 남편에게 '늙어서 보자!'라는 말을 합니다. 그 말의 의미는 언젠가는 앙갚음하겠다고 벼르는 무서운 말입니다. 남편들도 아내에 대해 마찬가지로 이해하고 용서하지 않습니다.

친구나 동료 사이의 인간관계에서 우리는 이러한 일들을 얼마든지 찾아볼 수 있습니다. 그래서 요즘 법원에 가보면 대부분의 사소한 일들을 가지고 서로 용서하지 못하고 이해하지 못하고 화해하지 못해서 법정까지 와서 싸우게 되는 것들을 흔히 볼 수 있습니다. 이렇게 용서에 인색한 것이 인간입니다.

성경의 가르침은 먼저 하나님께서 우리의 죄를 용서해 주셨으니 너희도 서로서로 용서하고 화해하고 사랑하라는 메시지입니다.

마 18:21-22절, "그 때에 베드로가 나아와 가로되 주여, 형제가 내게 죄를 범하면 몇 번이나 용서하여 주리이까? 일곱 번까지 하오리이까? 예수께서 가라사대 네게 이르노니 일곱 번뿐 아니라 일흔 번씩 일곱 번이라도 할지니라."

요 13:34절, "새 계명을 너희에게 주노니 서로 사랑하라. 내가 너희를 사랑한 것 같이 너희도 서로 사랑하라."

이와 같이 주님의 뜻은 용서와 사랑입니다. 주기도문 제5강 설교에서 말씀드린 것처럼 "뜻이 하늘에서 이룬 것 같이 땅에서도 이루어지이다"라는 말씀에 하늘에서 이루어진 하나님의 뜻은 용서와 사랑이라고 말씀드렸습니다.

주기도문에는 그리스도인들은 서로서로 용서하고 화해하고 화목하고 사랑하는 것이 주님의 뜻이라는 것을 가르칩니다.

엡 4:32절, "서로 인자하게 하며, 불쌍히 여기며, 서로 용서하기를 하나님이 그리스도 안에서 너희를 용서하심과 같이 하라."

그럼 예수님은 왜 주기도문을 통해 "우리가 우리에게 죄 지은 자를 사하여 준 것 같이 우리의 죄를 사하여 주시옵고"라고 기도하라 하셨을까요?

인간이 세상을 살아가는 동안 절대로 해결할 수 없는 것이 있는데 그것이 바로 죄의 문제입니다. 사람이 죄를 짓고 난 후에 오는 죄책감이나, 공포, 두려움의 문제는 인간 세계에서 물질이나 권력 그 어떤 것으로도 죄를 해결할 수 없기 때문입니다. 그래서 사람이 죄를 지으면 그 죄책감 때문에 심적으로 두려움과 고통을 겪습니다.

그러므로 인간의 죄 사함은 오직 창조주 하나님만 하실 수 있습니다. 그래서 예수님은 "우리가 우리에게 죄 지은 자를 사하여 준 것 같이 우리의 죄를 사하여 주시옵고"라고 기도하라 하셨습니다. 그것은 죄의 용서는 인간의 힘과 능력으로 안 되기 때문에 하나님께 기도하라 하신 것입니다.

뿐만 아니라 죄는 하나님과 그리스도인들의 사이를 가로막는 장애물이 됩니다. 인류의 시조(始祖)인 아담과 하와는 에덴동산에서 하나님께서 따 먹지 말라는 선악과를 따먹고 하나님께 죄를 범했습니다. 아담과 하와는 그 죄로 말미암아 하나님과의 교제가 끊어지고 결국 에덴동산에서 쫓겨났습니다. 이처럼 죄는 하나님과 사람의 사이를 갈라놓는 큰 장애물이 됩니다. 죄가 있으면 누구든지 하나님 앞에 갈 수 없고, 죄가 있으면 하나님과 교통할 수 없습니다. 죄는 사람을 망하게 합니다. 그래서 우리는 죄를 저주해야 합니다. 그리고 죄를 멀리 해야 합니다.

레 16:7-10절 보면 두 염소를 취하여 한 마리는 하나님께 속죄제의 제물로 드리고, 한 마리의 염소는 아사셀을 위하여 이스라엘 백성들의 죄를 짊어지게 하고 최대한 멀리 무인지경으로 보내 죽게 합니다. 이 아사셀 염소의 의미는 모든 이스라엘 백성들의 죄를 짊어지고 최대한 멀리 보낸다는 뜻이 담겨 있습니다.

히 13:12-13절 보면 우리 예수님도 우리의 죄를 짊어지시고 영문 밖으로 가셔서 죽임을 당하셨습니다. 그러므로 레위기에 아사셀 염소가 이스라엘 백성들의 모든 죄를 짊어지고 멀리 보내진 것처럼, 히브리서에 보면 우리 예수님도 인류의 모든 죄를 짊어지시고 영문 밖에서 십자가의 죽으심으로 우리 죄를 멀리 보내셨다는 것을 의미합니다.

요 1:29절 침례 요한은 예수님을 가리켜 “보라 세상 죄를 지고 가는 하나님의 어린 양(羊)이로다.”라고 선포하였습니다. 살전 5:22절 “악은 모든 모양이라도 버리라.”는 말씀처럼 그리스도인은 할 수 있으면 악은 모든 모양이라도 버려야 합니다.

그럼 예수님께서는 왜 주기도문을 통해 “우리의 죄를 사해 달라”고 기도하라 하셨을까요?

1. 인간은 죄에 대한 용서와 죄 사함을 받아야 할 죄인이라는 것을 깨닫게 하는 것입니다.

대부분의 인간은 세상을 살아가면서 하나님을 만나기 전에는 스스로 죄인이라는 것을 전혀 인지하지 못할 뿐만 아니라, 자신이 죄인이라는 것을 전혀 인정하지도 않습니다. 자신은 다른 사람에게 악하게 하지 않았다고 생각하는 사람들, 또는 다른 사람들에게 피해를 주지 않았다고 생각하는 사람들, 자신은 선량하게 살아왔고, 더 나아가 자신은 예수 믿는 믿음으로 착하게 살아왔다고 생각하는 사람들은 더욱 그렇습니다.

사실 베드로는 눅 5:8절 보면 "예수의 무릎 아래 엎드려 가로되 주(主)여, 나를 떠나소서. 나는 죄인이로소이다 하니"라고 고백을 한 것을 볼 수 있습니다. 베드로가 이와 같은 고백을 하게 된 동기는 베드로가 어느 날 갈릴리 바다에서 밤새도록 그물을 내려 물고기를 잡는데 한 마리의 물고기도 잡지 못하였습니다. 그래서 베드로는 허탄한 가운데 바닷가에 나와서 그물을 씻고 있을 때 예수님께서 베드로를 찾아오셔서 "깊은 데로 가서 다시 그물을 내려 물고기를 잡으라."고 명령하셨습니다. 이때 베드로가 예수님의 말씀에 순종하여 그물을 내려 엄청난 물고기가 잡힌 것을 보고 베드로는 예수님께 무릎을 꿇고 "주여 나를 떠나소서, 나는 죄인이로소이다."라고 고백을 합니다.

아마도 베드로는 지금까지 자기가 죄인이었다는 사실을 깨닫지 못했던 것입니다. 왜 사람들은 살아가면서 자신이 죄인이라는 것을 깨닫지 못합니까? 대부분의 사람들은 죄에 대한 기준을 모두 자기 자신에게 두기 때문입니다. 다른 사람들의 죄에 대해서는 엄격하지만, 자기 자신의 죄에 대해서는 합리화시키고 지나치게 너그럽고 관대하기 때문입니다. 그래서 그런 말이 있지 않습니까? 다른 사람이 하면 불륜이고, 자기가 하면 로멘스라는 말이 바로 자기 자신의 잘못에 대해서는 너그럽고 관대하기 때문입니다.

우리는 자신의 잘못과 죄에 대해서 강력하게 경멸해야 합니다. 그래서 성경은 원죄(原罪)와 자범죄(自犯罪)로 나누어 죄에 대해 가르치고 있습니다.

원죄는 아담을 시작으로 조상 때부터 내려오는 유전죄(遺傳罪)입니다.

롬 3:23절, "모든 사람이 죄를 범하였으매 하나님의 영광에 이르지 못하더니" 사도 바울이 말한 모든 사람이 죄를 범했다는 말은 첫 사람 아담으로부터 태어나는 모든 사람들은 태어날 때부터 죄인이 되었다는 것입니다.

둘째는 자범죄(自犯罪)입니다.

자범죄는 자신이 이 땅에 살아가면서 알고, 모르고 지은 모든 죄입니다. 다윗은 시 19:13절 "또 주의 종으로 고범(故犯) 죄를 짓지 말게 하사 그 죄가 나를 주장치 못하게 하소서. 그리하시면 내가 정직하여 큰 죄과에서 벗어나겠나이다."라고 기도한 것처럼 우리는 할 수 있으면 고의적으로 짓는 고범죄, 자범죄를 짓치 않게 해달라고 기도해야 합니다.

고범죄는 고의적으로 짓는 고약한 자범죄입니다. 사실 사람들은 세상을 살아가면서 누구나 여러 가지로 알게 모르게 죄를 짓고 살아갑니다. 성경은 형제를 미워하는 자마다 이미 살인죄를 지었다고 선언하고 있습니다. 뿐만 아니라 마음에 음욕을 품는 자마다 이미 간음죄를 지었다고 말씀하십니다. 이와 같이 볼 때 이 세상에서 죄로부터 자유로울 사람이 어디 있겠습니까?

그래서 우리 모두는 죄인인 것입니다. 성경은 죄에 대하여 가르치기를 우리가 이 세상에서 죄를 한 번도 짓지 아니하였을지라도 사도 요한은 요 16:9절 "죄에 대하여라 함은 저희가 나를 믿지 아니함이요." 라고 말씀하신 것처럼 이 땅에서 사람들이 예수 그리스도를 믿지 않는 그 자체가 바로 죄라는 것입니다. 살인죄를 짓지 않았어도, 도적질을 하지 않았어도, 다른 사람들에게 사기를 치지 않았어도, 우상숭배를 하지 않고, 간음죄를 짓지 않았어도, 성경은 예수 그리스도를 믿지 않는 그 자체가 바로 죄라고 말씀합니다.

그래서 주님은 주기도문을 통해 가르치시기를 "우리가 우리에게 죄 지은 자를 사하여 준 것 같이, 우리의 죄를 사하여 주시옵고"라고, 하나님께 우리가 죄인인 것을 인정하고 죄를 사해 달라고 기도하라는 것입니다.

2. 죄에 대해 경각심을 갖고 죄를 자백하고 회개하라는 것입니다.

인간은 죄악 많은 세상에 속해 살아가기 때문에 날마다 '하나님 나는 죄인입니다. 나의 죄를 용서해 주세요.'라는 입술의 고백과 회개가 없으면 죄에 무뎌져서 결국 죄를 죄로 인지하지 못하고 타락하게 됩니다. 많은 사람들은 죄를 죄로 알지 못합니다.

예수 믿는 사람들과 믿지 않는 사람들의 차이가 무엇입니까? 예수를 믿는 사람들이나, 믿지 않는 사람들이나, 이 땅에 살아가는 모든 사람들은 모두다 죄를 짓고 살아갑니다. 그러나 예수를 믿는 사람들은 죄를 지으면 하나님께 신앙의 양심에 가책을 받고 그 죄에 대해 애통해 하며 회개합니다. 그러나 예수를 믿지 않는 사람들은 죄를 범해도 죄에 대해 무뎌져 죄를 죄로 여기지 아니하고 전혀 회개하지 않는다는 것이 문제입니다.

그래서 요일 1:9절 "만일 우리가 우리 죄를 자백하면 저는 미쁘시고 의로우사 우리 죄를 사하시며 모든 불의에서 우리를 깨끗케 하실 것이요."

사도 요한은 우리가 우리의 죄를 매일 하나님께 자백해야 한다고 가르칩니다. 주님은 우리가 우리의 죄를 자백하면 모든 불의에서 우리를 깨끗하게 해 주십니다.

잠 28:13절 "자기의 죄를 숨기는 자는 형통치 못하나, 죄를 자복하고 버리는 자는 불쌍히 여김을 받으리라."라고 솔로몬은 고백하고 있습니다.

자기의 잘못이나 자기의 죄를 고백하려면 죄에 대한 지식이나, 죄에 대한 기준이 있어야 되고, 죄가 수치스럽고 부끄러운 것인 줄 깨달아야 합니다. 그리고 죄를 인지한 후에는 "주여, 나는 죄인입니다."라고 고백하고 회개해야 합니다.

그래서 예수님은 주기도문을 통해 그리스도인들이 날마다 일용할 양식을 달라고 하나님께 기도하듯이, 성도가 날마다 하나님께 "우리가 우리에게 죄 지은 자를 사하여 준 것 같이, 우리의 죄를 사하여 주시옵고"라고 기도하라는 것입니다.

건강은 건강할 때 지켜야 건강하게 오래 사는 것입니다. 건강에 대해서 항상 경각심을 갖고 사는 사람은 자신의 건강을 지킵니다. 그러나 건강을 돌보지 아니하고 건강에 대한 경각심도 갖지 않는 사람은 어느 날 갑자기 건강이 무너지면 회복하기가 어려운 것 같이, 성도가 죄에 대해 경각심을 갖고 항상 죄를 멀리하려 힘써야 죄에서부터 자유로울 수가 있는 것입니다. 그러므로 그리스도인은 항상 죄를 미워하고 죄를 멀리하고 죄의 용서를 위해 하나님께 고백하고 회개하고 기도해야 합니다.

3. 서로 남의 잘못이나 죄를 용서하라는 것입니다.

오늘 주기도문의 강해 중에 "우리가 우리에게 죄 지은 자를 사하여 준 것 같이 우리의 죄를 사하여 주시옵고"라고 기도하라 하신 말씀처럼 그리스도인들은 세상을 살아가면서 서로가 잘못한 허물과 실수와 죄를 용서하고 사랑하라는 것입니다.

본문에서 말씀하는 죄란 갚아야 할 빚으로 해석하기도 합니다. 우리는 하나님의 은혜로 엄청난 죄를 탕감 받은 하나님께 빚진 자들입니다. 그러므로 우리도 서로서로 다른 사람의 잘못과 허물과 실수와 죄를 용서해야 합니다.

그런데 신앙생활 하는 사람들 가운데 더러는 다른 사람의 허물에 대해 용서를 안 하고, 다른 사람의 허물을 덮어주지 않고 원수 맺는 사람들이 많습니다. 특별히 교회 안에서 목사와 목사끼리, 목사와 제직과, 성도와 성도끼리 분쟁과 싸움이 그칠 날이 없을 정도로 세상의 메스컴의 뉴스로 올라오고 있습니다. 왜 교회 안에서 서로의 허물을 덮어주지 못하고 들추어내어 싸우는지 모르겠습니다.

성경에는 서로 용서하지 않은 예를 들어 예수님께서 말씀하시고 있습니다.

마 18:21-35절, "그 때에 베드로가 나아와 가로되 주여, 형제가 내게 죄를 범하면 몇 번이나 용서하여 주리이까? 일곱 번까지 하오리이까? 예수께서 가라사대 네게 이르노니 일곱 번뿐 아니라 일흔 번씩 일곱 번이라도 할지니라. 이러므로 천국은 그 종들과 회계하려 하던 어떤 임금과 같으니 회계할 때에 일만 달란트 빚진 자 하나를 데려오매 갚을 것이 없는지라. 주인이 명하여 그 몸과 처와 자식들과 모든 소유를 다 팔아 갚게 하라 하니, 그 종이 엎드리어 절하며 가로되 내게 참으소서, 다 갚으리이다 하거늘 그 종의 주인이 불쌍히 여겨 놓아 보내며 그 빚을 탕감하여 주었더니 그 종이 나가서 제게 백 데나리온 빚진 동료 하나를 만나 붙들어 목을 잡고 가로되, 빚을 갚으라 하매 그 동료가 엎드리어 간구하여 가로되 나를 참아 주소서, 갚으리이다 하되 허락하지 아니하고 이에 가서 저가 빚을 갚도록 옥에 가두거늘 그 동료들이 그것을 보고 심히 민망하여 주인에게 가서 그 일을 다 고하니 이에 주인이 저를 불러다가 말하되 악한 종아, 네가 빌기에 내가 네 빚을 전부 탕감하여 주었거늘 내가 너를 불쌍히 여김과 같이 너도 네 동료를 불쌍히 여김이 마땅치 아니하냐? 하고 주인이 노하여 그 빚을 다 갚도록 저를 옥졸들에게 붙이니라. 너희가 각각 중심으로 형제를 용서하지 아니하면 내 천부께서도 너희에게 이와 같이 하시리라."

예수님은 비유를 통해서 하신 말씀이시지만 일만 달란트 빚진 자가 갚을 것이 없다고 통사정하여 빚을 탕감하여 주었더니, 저는 나가서 자기에게 겨우 백 데나리온 빚진 자를 불러다가 빚을 안 갚는다고 때리고 감옥에 가두었다는 것입니다. 한 데나리온은 노동자 하루 품삯인데 한 달란트는 노동자의 6,000일 품삯이랍니다. 그러니 일만 달란트라는 돈은 엄청난 것입니다. 일만 달란트 빚진 사람이 용서해 달라해 용서해줬는데 일만 달란트를 용서 받은 사람은, 자기에게 100데나리온 빚진 사람을 용서하지 않았다는 것입니다.

예수님은 이 비유를 통해서 "너희가 진심으로 형제를 용서하지 아니하면 나도 너희를 용서하지 않겠다."고 말씀하십니다. 우리는 예수님에게로부터 엄청난 죄의 빚을 탕감 받은 사람들입니다. 그러므로 오늘 주님께서 주기도문의 일곱 번째의 단락을 통해 우리에게 가르치는 것은 진심으로 서로 형제의 죄를 용서하라는 것입니다.

한국 교회사 역사 속에 손 양원 목사님이란 분이 계셨습니다. 손

양원 목사님은 한국의 좌우(左右) 혼란기에 자기 두 아들들을 죽인 공산주의자였던 청년을 그리스도의 사랑으로 용서하고 사랑하여 오히려 자기 아들로 삼았습니다. 이를 두고 한국 교회에서는 손양원 목사님을 가리켜 '사랑의 원자탄'이라는 별칭을 붙여 주었습니다.

여러분, 그리스도인이 무엇입니까? 그리스도인의 덕목은 용서와, 화해와, 희생과, 사랑이어야 합니다. 용서와 화해와 희생과 사랑이 없으면 그리스도인이 아닙니다.

4. 죄가 있으면 천국에 갈 수 없습니다.

우리가 예수 믿는 목적은 오로지 영혼의 구원을 받기 위함입니다. 누구든지 영혼의 구원을 받기 위해서는 예수님으로부터 죄의 사함을 받아야 합니다. 죄 사함 받기 위해서는 반드시 자신의 죄에 대한 회개가 있어야 합니다.

성경에는 죄 사함 받기 위해 반드시 예수 이름으로 물 침례(浸禮)를 받으라고 합니다. 그래서 예수님께서도 공생의 첫 설교가 '회개하라 천국이 가까이 왔느니라' 하시며, 회개를 촉구하셨습니다. 사도들도 사도행전에서 회개를 촉구하였습니다.

죄에 대한 회개는 하나님 앞에 나아가는 첫 걸음입니다. 죄에 대한 회개가 없이는 결코 죄의 용서가 없고 하나님께 나아 갈 수가 없습니다. 회개하고 예수 그리스도의 이름으로 물 세례(침례)를 받고 죄 사함을 받아야 합니다.

행 2:38절, "베드로가 가로되 너희가 회개하여 각각 예수 그리스도의 이름으로 세례(침례)를 받고 죄 사함을 얻으라. 그리하면 성령을 선물로 받으리니."

그러므로 성경의 가르침은 누구든지 죄 사함 받기 위해,

1) 자신의 죄를 회개해야 함을 가르치고 있습니다.

2) 죄 사함 받기 위해 예수 이름으로 물 세례(침례)를 받으라는 것입니다.

3) 방언을 표적으로 하는 성령을 받으라는 것입니다.(행 2:38, 행 8:16-20, 행 10:46-48)

사 59:1-2절, "여호와의 손이 짧아 구원치 못하심도 아니요, 귀가 둔하여 듣지 못하심도 아니라, 오직 너희 죄악이 너희와 너희 하나님 사이를 내었고 너희 죄가 그 얼굴을 가리워서 너희를 듣지 않으시게 함이니"

누구든지 죄가 있으면 천국에 갈 수가 없습니다. 천국은 거룩하신 하나님께서 계시는 곳이고, 거룩함을 입은 성도들만이 가는 곳이기에 죄가 있으면 누구든지 천국에 갈 수 없는 곳입니다. 그래서 주기도문의 가르침은 "우리가 우리에게 죄 지은 자를 사하여 준 것 같이 우리의 죄를 사하여 주시옵고"라고 기도하라고 가르칩니다. 죄를 사함 받지 않고는 절대로 천국에 갈 수가 없기 때문입니다.

아직도 진실한 회개의 체험이 없는 사람은 이 시간 주님 앞에 진심으로 회개하시기 바랍니다. 주님은 여러분의 회개를 통해서 정결케 하십니다.

5. 우리가 회개할 때 하나님은 우리의 모든 죄를 용서하십니다.

사 1:18절, "여호와께서 말씀하시되 오라, 우리가 서로 변론하자. 너희 죄가 주홍 같을지라도 눈과 같이 희어질 것이요, 진홍 같이 붉을지라도 양털 같이 희게 되리라."

교회에 가자는 말에 어떤 사람들은 "나는 죄가 많아서 못가요."라고 말합니다. 교회는 죄인들이 와서 하나님께 회개하고 용서받고 치료 받는 곳입니다. 교회는 죄가 없는 사람들이 오는 곳이 아닙니다.

예수님은 눅 5:32절, "내가 의인을 부르러 온 것이 아니요 죄인을 불러 회개시키러 왔노라."라고 말씀하신 것처럼 예수님은 의인을 부르러 온 것이 아니요 죄인을 불러 회개시키러 오셨습니다. 그러므로 죄가 있을지라도 염려하지 말고 두려워하지 말고 주님 앞에 나아와 회개하면 죄가 해결됩니다.

딤전 5:24-25절, "어떤 사람들의 죄는 밝히 드러나 먼저 심판에 나아가고 어떤 사람들의 죄는 그 뒤를 좇나니 이와 같이 선행도 밝히 드러나고 그렇지 아니한 것도 숨길 수 없느니라."

사도 바울은 말씀하시기를 우리가 죄를 회개하면 우리의 죄가 먼저 하나님의 심판대 앞에 가서 죄에 대해 심판을 받는다고 말씀하고 있습니다. 그래서 예수 그리스도를 믿고 회개하는 사람들은 회개할 때마다 죄가 먼저 주님의 심판대 앞에 가서 죄의 심판 받기 때문에 우리가 주님 앞에 갈 때는 죄가 우리를 참소(讒訴)하지 못합니다.

그러므로 누구든지 하나님 앞에 나아 올 때에 죄 때문에 근심하고 걱정하지 말고 하나님께 나아와 죄를 회개하면 하나님께서 모든 죄를 용서해 주십니다.

결론

주님께서 가르쳐 주신 기도문을 통해 우리가 날마다 일용할 양식을 위하여 기도하듯이, 또한 우리는 날마다 우리의 죄를 용서해 달라고 하나님께 기도해야 합니다. 왜냐하면 우리는 날마다 알게 모르게 죄를 짓고 살기 때문입니다.

그러므로 우리는 죄를 경멸하고 저주하고 멀리해야 합니다. 죄가 있으면 천국에 갈 수 없고, 죄가 있으면 하나님과의 관계가 끊어지고, 죄가 있으면 우리의 기도를 응답 받을 수 없습니다. 하나님은 죄를 가장 미워하십니다. 그러므로 우리도 죄를 미워해야 합니다. 그리고 우리의 죄를 용서 받기 위해서는 우리가 우리에게 잘못한 사람들의 죄도 용서해주어야 합니다.

그러므로 주기도문의 가르침은 서로의 죄와 허물을 용서하고, 화목하고, 사랑하는 삶을 실천하는 그리스도인이 되라는 것인 줄 믿으시기 바랍니다. 아멘!

본 설교에 인용된 성경 구절의 핵심 요점

1) 마 18:21-22, "주여 형제가 내게 죄를 범하면 몇 번이나 용서하여 주리이까?"

2) 요 13:34, "새 계명을 너희에게 주노니 서로 사랑하라."

3) 엡 4:32, "서로 인자하게 하며 불쌍히 여기며 서로 용서하기를"

4) 레 16:7-10, "아사셀을 위하여 광야로 보낼지니라."

5) 히 13:12-13, " 예수도 성문 밖에서 고난을 받으셨느니라."

6) 요 1:29, "보라 세상 죄를 지고 가는 하나님의 어린 양이로다."

7) 살전 5:22, "악은 모든 모양이라도 버리라."

8) 눅 5:8, "주여 나를 떠나소서. 나는 죄인이로소이다 하니"

9) 롬 3:23, "모든 사람이 죄를 범하였으매"

10) 시 19:13, "또 주의 종으로 고범죄를 짓지 말게 하사 그 죄가 나를 주장치 못하게 하소서. 그리하시면 내가 정직하여 큰 죄과에서 벗어나겠나이다."

11) 요 16:9, "죄에 대하여라 함은 저희가 나를 믿지 아니함이요."

12) 요일 1:9, "만일 우리가 우리 죄를 자백하면"

13) 잠 28:13, "자기의 죄를 숨기는 자는 형통치 못하나"

14) 마 18:21-35, "주여 형제가 내게 죄를 범하면 몇 번이나 용서하여 주리이까?"

15) 행 2:38, "너희가 회개하여"

16) 사 59:1-2, "너희 죄악이 너희와 너희 하나님 사이를 내었고"

17) 사 1:18, "오라, 우리가 서로 변론하자."

18) 눅 5:32, "죄인을 불러 회개시키러 왔노라."

19) 딤전 5:24-25, "어떤 사람들의 죄는 밝히 드러나 먼저 심판에 나아가고"

심화 학습 (주기도문 성경공부하기)

1) 나는 나에게 잘못한 사람의 잘못을 용서한 경험이 있는지 설명해 보세요.

2) 당신은 지금 마음에 미워하는 사람이 없습니까? 미워하는 사람을 위해 기도합시다.

3) 죄는 어디서부터 시작되는지 설명해 보세요.

4) 원죄와 자범죄가 무엇인지 설명해 보세요.

5) 예수 믿는 사람들과 믿지 아니하는 사람들의 죄에 대한 개념의 차이가 무엇인지 설명해 보세요.

8강

우리를 시험에 들게 하지 마시옵고

8강

우리를 시험에 들게 하지 마시옵고

본문: 마6:9-13

종교 개혁자 마틴 루터는 사람은 나이에 따라 받는 유혹이 다르다고 하였습니다. 20대는 이성의 유혹을 받고, 30대는 돈의 유혹을 받고, 40대와 50대는 명예와 권력의 유혹을 받고, 60대는 건강의 유혹을 받는다고 하였습니다. 그의 말이 아니더라도 우리 인생의 삶은 끊임없이 유혹의 연속이라 해도 과언이 아닙니다.

그래서 주님은 주기도문을 통해 "우리를 시험에 들게 하지 마시옵고"라고 기도하라고 하십니다.

사람들은 이 땅에 살아가면서 어떻게 하면 다른 사람들보다도 더 좋은 집에서, 잘 먹고, 잘 입고, 잘 살까 하는 욕심 때문에 시험을 받습니다. 그런데 인간은 일차적인 의, 식, 주, 문제가 해결되면 그 다음엔 쾌락을 좇아가고, 권력을 추구하게 되고, 권력을 갖게 되면 그 다음 명예를 추구합니다. 이처럼 인간의 욕심은 끝이 없습니다. 그래서 야고보 기자는 약 1:15절 "욕심이 잉태한즉 죄를 낳고 죄가 장성한즉 사망을 낳느니라."라고 인간의 지나친 욕심을 경고합니다.

사도 바울은 딤전 6:9-10절 말하기를 "부하려 하는 자들은 시험과 올무와 여러 가지 어리석고 해로운 정욕에 떨어지나니 곧 사람으로 침륜과 멸망에 빠지게 하는 것이라. 돈을 사랑함이 일만 악의 뿌리가 되나니 이것을 사모하는 자들이 미혹을 받아 믿음에서 떠나 많은 근심으로써 자기를 찔렀도다."라고 경고하고 있습니다.

결국 물욕에 빠진 사람은 시험을 면할 수 없고 멸망을 자초하게 된다는 말씀입니다. 이와 같이 인간의 욕망을 너무나 잘 알고 있는 사단 마귀는 열심히 신앙생활을 하는 그리스도인이라 할지라도 여러 가지 시험과 올무의 유혹을 합니다. 그래서 예수님은 주기도문에 "우리를 시험에 들게 하지 마옵시고"라고 기도하라는 것입니다.

"우리를 시험에 들게 하지 마시옵고"라는 헬라어 원문에 시험이란 단어를 '페이라스모스(πειρασμός)'라 합니다. 페이라스모스는 우리말로 시험입니다. 영어 성경에서는 우리말의 시험이란 단어를 첫째는 테스트(test)라 하고, 둘째는 템테이션(temptation)이라고 사용합니다. 테스트(test)는 그야말로 점검해보기 위한 말입니다. 마치 학교에서 선생님들이 학생들의 실력을 점검하기 위해 시험을 치루는 과정과 같은 것입니다. 그러나 템테이션(temptation)은 때로 마귀가 우리의 신앙을 무너뜨리기 위해 여러 가지로 미혹하고 유혹하는 것을 말합니다.

그러므로 성경에서 그리스도인들에게 시험이 오는 통로를 분석해보면 세 가지로 오는 것을 알 수 있습니다.

1) 성도들의 신앙의 성숙도를 측정하기 위한 하나님의 시험이 있습니다.

하나님도 때로 성도들의 신앙을 점검해 보시기 위해 테스트(test)를 하시는 경우가 있습니다.

창 22장 보면 하나님께서 아브라함에게 "네 사랑하는 아들, 독자 이삭을 데리고 모리아 산으로 가서 이삭을 하나님께 번제로 드리라."라고 하셨을 때, 아브라함 입장에서 청천벽력 같은 이 시험은 정말 견디기 어려운 시험이었습니다. 그때 아브라함에게 주어진 시험은 하나님께서 그의 신앙을 점검해 보시기 위한 테스트(test)였습니다.

신 13:3절, "너희 하나님 여호와께서 너희가 마음을 다하고 성품을 다하여 너희 하나님 여호와를 사랑하는 여부를 알려 하사 너희를 시험(test)하심이니라."

신 8:2절, "네 하나님 여호와께서 이 사십 년 동안에 너로 광야의 길을 걷게 하신 것을 기억하라. 이는 너를 낮추시며 너를 시험(test)하사 네 마음이 어떠한지 그 명령을 지키는지 아니 지키는지 알려 하심이라."

신 8:16절, "네 열조도 알지 못하던 만나를 광야에서 네게 먹이셨나니 이는 다 너를 낮추시며 너를 시험(test)하사 마침내 네게 복을 주려 하심이었느니라."

이처럼 창조주 하나님께서 때때로 성도들의 신앙을 테스트(test)하시는 것은 성도들의 신앙을 테스트하신 후에 복을 주시기 위함입니다. 그러므로 하나님께서 신앙의 성숙도를 측정하는 시험을 그리스도인들이 잘 통과하면 자신의 신앙생활의 놀라운 유익과 하나님의 큰 복이 따라 옵니다.

약 1:2-3절, "내 형제들아 너희가 여러 가지 시험(test)을 만나거든 온전히 기쁘게 여기라. 이는 너희 믿음의 시련이 인내를 만들어 내는 줄 너희가 앎이라."

그러므로 주기도문에 "우리를 시험에 들게 하지 마시옵고"라고 기도하라는 것은 하나님께로부터 오는 시험(test)을, 오지 않게 해달라고 기도하라는 것은 아닙니다. 하나님께로부터 오는 시험(test)은 그리스도인들의 신앙의 성숙도를 측정하기 위한 것이기 때문에 하나님께로부터 오는 시험을 오지 말게 해달라고 기도할 수는 없는 것입니다. 그러므로 하나님께로부터 오는 시험은 성도들에게 축복을 주시기 위한 것인 줄 믿으시기 바랍니다.

2) 성도들을 타락시키기 위해 오는 시험이 있습니다.

성도들을 타락시키기 위해서 오는 사단의 시험을 성경은 유혹이라 하고 그 유혹을 영어 성경에는 템테이션(temptation)이라 합니다. 사단 마귀는 하나님과 원수이기 때문에 사람들이 예수 믿고 하나님의 자녀가 되는 것을 방해할 뿐만 아니라 예수 믿고 구원받은 하나님의 자녀라도 유혹하고 미혹하고 시험(temptation)하여 올무를 놓아 하나님을 믿지 못하도록 합니다.

사단이 그리스도인들을 시험하는 방법은 이루 헤아릴 수 없을 정도로 많습니다. 어떤 사람에게는 이성으로, 어떤 사람에게는 물질로, 어떤 사람에게는 권력과 명예로, 어떤 사람에게는 질병으로, 어떤 사람에게는 시련과 핍박으로 시험합니다. 이처럼 마귀는 그리스도인들을 시험할 때 그 사람의 가장 약한 부분을 통해 시험합니다.

성경에 보면 마귀는 예수님의 제자였던 가룟 유다가 돈을 사랑하는 약점을 알고 예수님을 은 30냥에 팔게 하였습니다. 돈을 사랑하는 사람은 결국 돈의 유혹으로 말미암아 신앙이 무너지게 됩니다.

사단은 삼손이 이성(異性)에 약한 것을 알고 이성을 통해 그를 유혹하여 그가 나실인으로 살지 못하도록 꾀어내고 결국 타락하게 만들었습니다.

사단은 수 7:1절 아간이 물질에 약한 것을 알고 이스라엘 백성들이 여리고와의 전쟁에서 노략한 물건을 바치는 중에서 물질을 훔치도록 유혹해, 결국 아간은 그 물질 때문에 죽임을 당하였습니다.

이처럼 사단은 그 사람의 약점을 집요하게 물고 늘어져 유혹하고 미혹하고 시험(temptation)합니다. 마치 동물의 세계에서 사자(獅子)가 짐승을 사냥할 때 아무 짐승이나 닥치는 대로 사냥하는 것이 아니라, 무리 속에 가장 약한 짐승 한 마리를 골라 집요하게 추적해 사냥하는 것처럼, 마귀는 모든 사람의 약점을 다 알기 때문에 그 약점을 물고 늘어집니다.

예수님은 이처럼 사단이 집요하게 성도들을 시험하는 줄 아시고 주기도문을 통하여 "우리를 유혹에서, 미혹에서, 시험(temptation)에 들게 하지 마옵시고, 다만 악에서 구하옵소서."라고 매일 하나님께 기도하라고 하셨습니다. 우리는 사단의 전략과 계략을 다 파악할 수 없기 때문에 하나님께 기도하지 않으면 사단으로부터 오는 유혹과 시험을 이길 수 없습니다.

약 1:14절에 "오직 각 사람이 시험을 받는 것은 자기 욕심에 끌려 미혹됨이니" 성도가 시험을 받는 것에 대해 야고보 기자는 자기 욕심에 끌려 시험받는다고 하였습니다. 성도가 과도한 욕심이 있으면 사단으로부터 유혹을 받게 됩니다.

약 1:15절, "욕심이 잉태한즉 죄를 낳고 죄가 장성한즉 사망을 낳느니라."라고 말씀하고 있습니다. 뿐만 아니라 사단 마귀는 천하를 꾀는 자입니다.

계 12:9절, "큰 용이 내어 쫓기니 옛 뱀 곧 마귀라고도 하고 사단이라고도 하는 온 천하를 꾀(유혹, 미혹, 시험)는 자라 땅으로 내어 쫓기니 그의 사자들도 저와 함께 내어 쫓기니라."

마귀는 온 천하 사람들이 모두 죄 짓고 하나님을 떠나게 꾀이는 자입니다. 천하를 꾀는 사단 마귀로부터 우리의 믿음을 지키려면 우리는 끊임없이 유혹과 시험에 들지 않도록 기도해야 합니다.

엡 4:27절, "마귀로 틈을 타지 못하게 하라."라고 말씀하신 것처럼 성도는 항상 마귀로 틈을 타지 못하도록 무장하고 대적하여야 합니다.

3) 자신의 잘못과 실수로 오는 시험도 있습니다.

때로는 자기 자신의 잘못과 실수로 인해 일어나는 삶의 여러 가지 시련과 고통도 있습니다. 자기 자신의 실수와 죄와 잘못으로 오는 고통은 어쩔 수 없는 시련과 아픔입니다. 이럴 때 "우리를 시험에 들게 하지 마옵시고"라고 기도하는 것은 어불성설입니다. 자기의 실수와 잘못으로 오는 시련을 시험에 들게 하지 말게 해달라고 기도하는 것은 하나님을 기만하는 것입니다.

이때 우리는 하나님께 죄 짓지 않고 실수하지 않게 해달라고 기도해야 합니다. 그러므로 성도는 자기 환경 가운데 일어난 여러 가지 시련과 고통이 왜 왔는지 분석해야 합니다.

그럼 성도가 시험(유혹)에 들지 않으려면 어떻게 해야 할까요?

1. 성도가 시험에 들지 않기 위해서는 끊임없이 기도생활을 해야 합니다.

기도의 능력이 아니고는 끊임없이 오는 불 같은 시험을 이길 수 없습니다.

기도는 그리스도인의 신앙생활에 영력을 강하게 합니다. 영력이 강한 사람은 어떤 시험이나 유혹이 와도 흔들리지 않습니다.

그래서 성경은 성도가 기도에 힘쓸 것을 강하게 요구합니다.

① 살전 5:17, "쉬지 말고 기도하라."

② 눅 18:1, 골 4:2절에 "항상 기도하라."

③ 눅 11:8, "끈질기게 기도하라."

④ 롬 12:12, "기도에 항상 힘쓰라."

⑤ 렘 33:3, "부르짖어 기도하라."

⑥ 마 21:22, "믿음으로 기도하라."

⑦ 엡 6:18, "무시로 성령 안에서 기도하라."

⑧ 사 58:6, "금식하며 기도하라."

⑨ 마 26:41, "깨어 기도하라."

⑩ 눅 22:40, "시험에 들지 않게 기도하라."

⑪ 약 5:16, "병 낫기를 위하여 기도하라."

⑫ 벧전 4:7, "정신을 차리고 기도하라."

⑬ 삼상 12:23, "기도하기를 쉬는 죄를 짓지 말라."

이와 같이 성경은 기도의 중요성을 계속해서 강조하고 있습니다. 그만큼 기도는 그리스도인들에게 영적 싸움에 강력한 무기입니다. 그러므로 성도가 기도하지 않으면 신앙생활에 끊임없이 오는 시험과 유혹을 이길 길이 없습니다.

마 26:36-41절 보면 예수님께서 마지막 십자가의 죽음을 앞두고 겟세마네 동산에 기도하러 가셨을 때 제자들도 좇아왔습니다. 그때 예수님께서는 제자들에게 마 26:41절에 보면 "시험(temptation)에 들지 않게 깨어 있어 기도하라."라고 말씀하시고 있습니다. 눅 22:40절과 46절 보면 예수님은 두 차례에 걸쳐 제자들에게 "시험에 들지 않기를 기도하라."고 하셨습니다.

성도가 깨어 기도하지 않으면 영적인 신앙생활에 능력이 없기 때문에 마귀가 찾아와 죄를 짓도록 시험합니다. 마귀의 시험을 이기려면 기도에 깨어 있어야 합니다.

2. 성도가 시험에 들지 않으려면 교회 모든 공적인 예배에 참석해야 합니다.

교회 공적인 예배에 자주 빠지면 시험이 들게 됩니다. 시간이 있으면 예배에 참석하고, 시간이 없으면 예배에 참석하지 않는다면 반드시 마귀의 레이다망에 포착되어 유혹과 시험이 오게 됩니다. 교회의 공적 예배를 참석하지 않고, 신앙생활을 열심히 하지 않는데도 마귀의 시험(temptation)이 없다면 이미 그 사람은 마귀의 영향력에 들어가 있는 사람입니다

교회의 공적인 예배, 특별히 주일 예배는 성도가 목숨을 걸고 어떠한 일이 있어도 예배에 참석하려는 믿음의 결단이 있어야 합니다. 주일 예배를 생명처럼 여기지 않으면 사단은 그 사람의 믿음을 우습게 여기고 유혹하고 시험합니다. 그러므로 그리스도인들의 신앙은 하나님께 드리는 예배를 통해 자기 자신의 신앙을 확인하는 것입니다.

성도가 하나님께 예배드릴 때 기도나, 찬양, 말씀, 헌금, 그 어느 것 하나라도 마음에 부담이나 시험이 온다면 그는 분명 믿음의 생활에 어딘가 병든 것입니다. 어떤 사람은 찬양하기는 좋아하는데 기도하기는 싫어하는 사람이 있습니다. 어떤 사람은 기도하기는 좋아하는데 말씀 듣는 것을 싫어하는 사람이 있습니다. 반대로 어떤 사람은 설교를 듣는 것은 좋아하는데, 헌금 드리는 것을 아까워하는 사람이 있습니다. 그런가하면 어떤 사람들은 교회에서 사람들과 교제하는 것은 좋아하는데, 하나님께 예배드리는 것은 싫어하는 사람들도 있습니다.

이처럼 성도가 예배를 통해 하나님께 드리는 찬양, 기도, 말씀, 헌금, 성도와의 교제, 그 어느 것 하나라도 부담이 되고 싫어지는 마음이 든다면 그는 분명 신앙생활이 병들기 시작한 것입니다. 신앙생활에 병이 들면 마음에 평안과 기쁨과 헌신이 사라집니다. 설교가 귀에 거슬리고 듣기 싫어집니다. 그리고 기도가 사라지고 불평과 원망과 부정적인 사람이 됩니다.

교회 예배에 참석하기를 싫어하고, 담임 목사와 성도들과의 만남을 싫어하고, 교회에 대해 불평하기 시작합니다. 그리고 점점 세상에 흥미와 관심을 갖기 시작합니다. 이와 같은 사람은 분명 신앙생활의 어딘가는 시험이 왔고 신앙이 병든 것입니다. 빨리 신앙에 치료를 받아야 합니다. 치료를 받는 길은 예배가 회복되고, 기도가 회복되고, 첫 사랑의 믿음이 회복되어야 합니다. 그리고 담임 목사님에게 신앙 상담을 받아야 합니다.

마귀는 영적인 존재이기 때문에 이런 사람들을 금방 알고 시험의 목표물로 삼습니다. 동물의 세계에도 사자(獅子)가 짐승을 사냥할 때 약한 것부터 잡아먹는다고 합니다.

이스라엘 백성들도 신앙에 병이 들었을 때는 하나님께 불평과 원망을 하고 지도자를 향해 불평하였습니다. 성도는 하나님께 드리는 예배가 회복되어야 신앙에 병든 것이 치료가 됩니다. 우리 모두 예배에 승리해야 합니다. 예배에 승리하면 모든 시련과 시험을 이길 수 있습니다.

3. 성도가 시험에 들지 않으려면, 거듭난 그리스도인의 공동체의 모임에 참여해야 합니다.

교회는 각계각층의 사람들이 모여서 믿음으로 이루어진 신앙의 공동체입니다. 성도는 교회 공동체 모임에 할 수 있으면 함께 하는 시간에 모여야 합니다. 혼자 신앙생활을 하면 사단의 시험을 이기기가 힘듭니다. 그래서 동물들도 무리를 지어 사는 것입니다. 말세에 모이기를 폐하는 어떤 사람들의 습관과 같이 하지 말고 오직 권하여 그 날이 가까움을 볼수록 더욱 예배와 기도와 전도와 모이기를 힘써야 합니다.

그런데 성도들끼리 교제를 하다보면 간혹 사람들로 인해 상처받고 시험이 올 수도 있습니다. 그래서 교회 공동체는 하나님을 중심으로, 예수 중심으로, 오직 믿음으로, 예배로, 기도로, 전도로, 선교로 이루어진 신앙의 공동체가 되어야 합니다. 그리고 성도들 간에 서로 간증을 나누는 은혜로운 공동체가 되어야 세상이나 사람들이나 마귀로부터 오는 시험을 이길 수 있습니다.

교회 생활에서 서로서로 위하고, 사랑하고, 이해하고, 용서하고, 협력하는 공동체가 되어야 합니다. 그리고 절대로 서로 간에 상처가 되는 말과 행동을 해서는 안 됩니다. 성도는 서로 간에 상처를 받아서도 안 됩니다. 사단은 서로서로 상처를 받아 교회를 떠나게 하는 시험을 하기도 합니다. 교회는 그리스도의 몸이므로 그리스도인들 서로의 다름을 인정하고 협력해야 합니다.

4. 성도가 시험에 들지 않으려면, 시험들 장소를 피해야 합니다.

루터는 "공중에 날아다니는 새는 내가 어떻게 할 수 없지만, 그 새가 내 머리에 와서 집을 짓지 못하게 하는 것은 내 책임이다."라고 말했습니다. 이 말을 풀이하면 공중에 날아다니는 새는 악한 생각을 말합니다. 우리의 삶속에 악한 생각들은 끊임없이 누구에게나 생각에 스쳐지나 갑니다. 악한 생각들이 스쳐지나가는 것은 내가 어떻게 할 수가 없습니다. 그러나 그 악한 생각이 내 생각 속에 머물러 집을 지을 때 우리는 죄를 짓게 됩니다. 그러므로 악한 생각이 나의 생각 속에 집을 짓지 못하게 하는 것은 나의 책임입니다. 마귀는 항상 달콤한 유혹으로 성도들을 시험합니다.

창 3장에 뱀이 하와에게 와서 선악과를 따먹으라고 유혹할 때 선악과를 보니 먹음직하고 보암직하고 탐스러웠다고 하였습니다. 사람은 육신의 정욕과, 안목의 정욕과, 이생의 자랑과, 세상적이며 정욕적인 마귀적인 것들로부터 항상 유혹을 받습니다.

구약 성경 사사기에 보면 삼손이 타락하게 된 것은 타락할 수밖에 없는 장소를 찾아갔기 때문입니다. 삼손은 나실인으로서 구별된 삶을 살아야 했는데 불레셋 지역에 가기 시작하면서 불레셋의 여인들을 사랑하게 되고 먹어서는 안 되는 술을 먹고 과용을 부리다가 불레셋의 사랑하는 여인을 통해 배신을 당하고 머리카락이 잘리고 불레셋 사람들에게 붙잡혀 두 눈이 뽑히는 수치와 아픔을 당하고 나실인으로서 치욕적인 죽음을 당합니다. 삼손은 나실인으로서 지켜야 할 언약을 지키지 않았습니다.

그러므로 그리스도인들은 할 수만 있으면 마귀가 역사하는 죄 짓는 장소에 가지 않아야 합니다. 술집에 자주 가다 보면 자신도 모르게 술을 먹게 되고, 춤추는 장소에 가다 보면 자신도 모르게 춤을 추게 되고, 우상을 섬기는 장소에 가다보면 자신도 모르게 우상에 매력을 느끼게 되고, 점보는 집에 친구 따라 가다 보면 자신도 모르게 점을 보고 싶은 충동을 느끼는 것이 인간의 심리입니다.

사단은 이런 환경에 들어온 사람들을 절대로 그냥 두지 않는다는 것입니다. 그래서 엡 4;27절 "마귀로 틈을 타지 못하게 하라."라고 말씀하십니다. 그러므로 그리스도인들은 죄와 사단이 역사하는 장소를 피해야 합니다.

시 1:1절, "복 있는 사람은 악인의 꾀를 좇지 아니하며 죄인의 길에 서지 아니하며 오만한 자의 자리에 앉지 아니하고 오직 여호와의 율법을 즐거워하여 그 율법을 주야로 묵상하는 자로다."라고 말씀하신 것처럼 복 있는 사람은 죄가 역사하는 장소에 가지 않아야 합니다. 그리고 오직 하나님의 말씀을 즐거워해야 합니다.

5. 그럼 마귀는 어떤 사람을 찾아가 시험할까요?

1) 마귀는 기도하지 않는 영력이 없는 사람을 찾아 죄를 짓도록 유혹과 시험을 합니다.

2) 마귀는 믿음이 미지근한 사람에게 찾아가 시험을 합니다.

3) 마귀는 교회에 불평불만이 많은 사람에게 찾아가 시험을 합니다.

4) 마귀는 자기가 제일이라고, 자기가 없으면 교회 운영이 안 된다고 하는 교만한 사람에게 찾아가 시험을 합니다.

5) 마귀는 성경을 읽지 않는 사람에게 찾아가 시험합니다.

6) 마귀는 믿음에 의심이 있는 사람에게 찾아가 시험합니다.

7) 마귀는 교회에 가는 것에 대해 부담을 느끼는 사람에게 찾아가 시험합니다.

8) 마귀는 헌금 때문에 시험 드는 사람을 찾아가 시험합니다.

9) 마귀는 사람에게 상처 받은 사람에게 찾아가 시험합니다.

10) 마귀는 설교에 시험 든 사람을 찾아가 시험합니다.

결론

왜 예수님은 주기도문을 통해 "우리를 시험에 들게 하지 마옵시고 다만 악에서 구하옵소서" 라고 기도하라 하셨을까요?

그만큼 마귀는 그리스도인들의 신앙을 흔들어 타락시키려 하기 때문입니다. 사단은 성경에 수많은 사람들을 유혹하여 타락시켰고 심지어 금식하고 계시는 예수님께도 찾아와 시험하였습니다.

그럼 우리가 마귀로부터 시험을 받지 않으려면 어떻게 해야 할까요?

벧전 5:8-9절, "근신하라 깨어라, 너희 대적 마귀가 우는 사자 같이 두루 다니며 삼킬 자를 찾나니 너희는 믿음을 굳게 하여 저를 대적하라."라고 계속해서 말씀하신 것처럼 우리는 항상 깨어 근신하여 기도해야 합니다.

성도는 오직 기도를 통해서만 마귀를 대적할 수 있는 영력과 담력을 얻기 때문입니다. 오늘 우리는 주기도문의 가르침과 같이 마귀로부터 오는 시험에 들지 않기를 위해 끊임없이 기도해야 합니다.

요일 3:7절, "자녀들아 아무도 너희를 미혹하지 못하게 하라."

고전 10:13절, "사람이 감당할 시험 밖에는 너희가 당한 것이 없나니 오직 하나님은 미쁘사 너희가 감당치 못할 시험 당함을 허락지 아니하시고 시험 당할 즈음에 또한 피할 길을 내사 너희로 능히 감당하게 하시느니라."

주여 "우리를 시험에 들게 하지 마옵시고 다만 악에서 구하옵소서."라고 끊임없이 기도해야 합니다. 사단의 유혹과 시험에서부터 이기는 저와 여러분이 되시기 축원합니다. 아멘!

본 설교에 인용된 성경 구절의 핵심 요점

1) 약 1:15, "욕심이 잉태한즉 죄를 낳고"

2) 딤전 6:9-10, "돈을 사랑함이 일만 악의 뿌리가 되나니"

3) 신 13:3, "너희를 시험하심이니라."

4) 신 8:2, "너를 시험하사"

5) 신 8:16, "너를 시험하사 마침내 네게 복을 주려 하심이었느니라."

6) 약 1:2-3, "여러 가지 시험을 만나거든 온전히 기쁘게 여기라."

7) 수 7:1, "아간이 바친 물건을 취하였음이라."

8) 약 1:14, "각 사람이 시험을 받는 것은 자기 욕심에 끌려 미혹됨이니"

9) 약 1:15, "욕심이 잉태한즉 죄를 낳고"

10) 계 12:9, "온 천하를 꾀는 자라."

11) 엡 4:27, "마귀로 틈을 타지 못하게 하라."

12) 살전 5:17, "쉬지 말고 기도하라."

13) 눅 18:1, 골4 :2, "항상 기도하라."

14) 눅 11:8, "끈질기게 기도하라."

15) 롬 12:12, "기도에 항상 힘쓰라."

16) 렘 33:3, "부르짖어 기도하라."

17) 마 21:22, "믿음으로 기도하라."

18) 엡 6:18, "무시로 성령 안에서 기도하라."

19) 사 58:6, "금식하며 기도하라."

20) 마 26:41, "깨어 기도하라."

21) 눅 22:40, "시험에 들지 않게 기도하라."

22) 약 5:16, "병 낫기를 위하여 기도하라."

23) 벧전 4:7, "정신을 차리고 기도하라."

24) 삼상 12:23, "기도하기를 쉬는 죄를 짓지 말라."

25) 마 26:41, "시험에 들지 않게 깨어 있어 기도하라."

26) 눅 22:40, 46, "시험에 들지 않기를 기도하라."

27) 엡 4;27, "마귀로 틈을 타지 못하게 하라."

28) 시 1:1, "복 있는 사람은 악인의 꾀를 좇지 아니하며"

29) 벧전 5:8-9, "너희 대적 마귀가 우는 사자 같이 두루 다니며 삼킬 자를 찾나니"

30) 요일 3:7, "자녀들아 아무도 너희를 미혹하지 못하게 하라."

31) 고전 10:13, "사람이 감당할 시험 밖에는 너희가 당한 것이 없나니"

심화 학습 (주기도문 성경공부하기)

1) 나는 유혹에 약한 부분이 무엇인지 말해 보세요.

2) 하나님께서 성도를 시험(테스트)하시는 이유가 무엇일지 설명해 보세요.

3) 마귀는 왜 그리스도인들을 시험 하는지 설명해 보세요.

4) 마귀의 시험에 들지 않기 위해 어떻게 해야 하는지 말해 보세요.

5) 마귀는 어떤 사람에게 찾아가 시험 하는지 설명해 보세요.

9강

나라와 권세와
영광이 아버지께 영원히

9강

나라와 권세와 영광이 아버지께 영원히

본문: 마6:9-13

주기도문의 마지막 단락은 "나라와 권세와 영광이 아버지께 영원히 있사옵니다. 아멘!"으로 끝을 맺습니다.

그런데 이 주기도문의 끝부분은 마태복음에는 기록되어 있고, 누가복음에는 기록되어 있지 않습니다. 헬라어 성경에도 주기도문의 끝부분은 없고, 영어 NIV 성경에도 없습니다. 다만 영어 성경 Holy Bible에만 주기도문의 끝부분이 삽입되어 있습니다.(For thine is kingdom, and the power, and the glory, forever, A-men)

그런가 하면 찬송가 앞장이나 뒷장에 수록되어 있는 주기도문에는 "대개"라는 단어가 들어가 있는데, 왜 우리 한글 성경에는 대개라는 단어가 없는지 그 차이를 살펴보려 합니다.

'대개'라는 단어는 Holy Bible 영어 성경에 For로 기록되어 있습니다. 영어 성경에 For는 전치사나 등위접속사로 사용되는데 주기도문의 대개(For)라는 단어를 넣어서 주기도문을 번역한 것은 초대교회에서 주기도문의 앞의 내용과 연결해서 주기도문을 자연스럽게 송영으로 끝맺음하기 위해 삽입한 것이라고 신학자들은 추측합니다.

대개라는 뜻은 원어 성경이나, 영어 성경의 의미로 해석하면 '왜냐하면'이란 뜻으로 왜 우리가 주기도문의 내용으로 기도를 해야 하는가에 대해 그 이유를 대개라는 단어로 설명한 것입니다. 우리 한글 성경은 중국어 성경이나, 영어 성경에서 번역하다보니 대개라는 단어를 넣었다는 것입니다. 그래서 우리는 주기도문을 암송할 때 성경적으로 대개라는 단어를 넣을 수도 있고, 대개라는 단어를 뺄 수도 있습니다.

필자의 교회에서는 '대개'라는 단어를 사용하지 않습니다. 그 이유는 어느 날 예배 때 주기도문을 암송하는데 어떤 청년이 목사님 왜 한글 성경 주기도문에 "대개"라는 단어가 없는데 주기도문 암송할 때 대개라는 단어를 넣어 주기도문을 암송합니까? 해서 그 뒤로는 성경적으로 주기도문을 암송할 때 대개라는 단어를 빼고 주기도문을 암송합니다.

저는 그만큼 목회를 성경적으로 하려고 합니다. 평신도의 의견이라도 성경을 토대로 목사에게 이의를 제기하거나 권면하면 살펴보고 받아드립니다. 성경에 있으면 하고 없으면 하지 말자는 것이 저의 목회 신념이며 교회의 취지입니다.

오늘날 성경이 기록될 당시의 최초 기록한 성경 원본은 전 세계 어디에도 없습니다. 이와 마찬가지로 주기도문이 기록되어 있는 마태

복음이나, 누가복음도 최초의 성경 원본은 존재하지 않습니다. 오늘날 우리가 가지고 있는 한글 성경은 원본에서부터 번역한 것이 아니고, 성경 사본에서부터 번역한 성경을 가지고 있는 것입니다.

최초에 기록된 성경을 원본이라 하고, 그 원본에서 베껴 쓴 것을 사본이라 하고 그 사본에서 다른 언어로 번역한 것을 역본이라 합니다. 역본이란 최초에 히브리어로 기록된 구약 성경이나, 헬라어로 기록된 신약 성경을 다른 나라의 언어로 번역한 것입니다. 예를 들면 헬라어 성경을 라틴어로, 독일어로, 영어로, 한글로 각국 언어로 번역한 것입니다. 오늘날 우리가 가지고 있는 한글 성경은 원본에서 번역한 것이 아니고 중국어 성경이나, 영어 성경, 역본에서 한글 성경으로 번역한 것입니다. 이렇게 해서 오늘날 우리 한글 개혁 성경이 우리에게 전해진 것입니다.

사본 성경은 바티칸 사본, 시내산 사본, 알렉산드리아 사본, 또는 에브라임 사본, 베자 사본 등 그 외에도 많은 사본이 있습니다. 사본의 종류는 수천 종류가 됩니다. 사본의 종류가 이렇게 많다보니 어떤 사본에는 기록되어 있는 내용이, 어떤 사본에는 기록되어 있지 않기도 합니다.

예를 들면 마 17:21절이 우리가 가지고 있는 한글 개혁 성경에는 없습니다. 그런데 성경 난하주에 보면 다른 사본에는 마 17:21절이 "기도와 금식이 아니면 이런 류가 나가지 아니하느니라."라고 기록되어 있다고 밝히고 있습니다.

그래서 오늘날 우리가 가지고 있는 개혁 성경의 주기도문의 끝부분이 어떤 사본에는 "나라와 권세와 영광이 아버지께 영원히 있사옵니다. 아멘!" 이라는 주기도문의 끝부분이 있는 것도 있고, 어떤 사본에는 없는 것도 있다는 것입니다. 그래서 신학자들 사이에는 주기도문의 끝부분에 대해 의견이 분분합니다.

이 주기도문의 끝부분은 아마 초대교회가 예배 때 기도하면서 주기도문에 "나라와 권세와 영광이 아버지께 영원히 있사옵니다. 아멘!"의 기도문을 예배용으로 덧붙인 송영일 것으로 추측하는 것이 일반적입니다. 주기도문의 송영이란! 앞의 내용을 이어 끝부분의 하나님께 영광과 찬양을 돌리는 것입니다.

뿐만 아니라 주기도문이 기록되어 있는 마 6:13절 보면 주기도문의 마지막 부분은 괄호를 열고 (나라와 권세와 영광이 아버지께 영원히 있사옵니다. 아멘!) 하고 괄호를 닫고 있습니다. 성경에 때로 괄호를 열고, 괄호를 닫고 있는 곳이 많이 나옵니다. 이것은 대부분 어떤 성경 고대 사본에는 그 내용이 기록되어 있고, 어떤 성경 사본에는 그 내용이 없기 때문에 애매해서 역자들이 넣을 수도 없고, 뺄 수도 없고, 해서 괄호를 열고 내용을 넣고 괄호를 닫은 것입니다. (성경을 읽는 성도들은 참고하시기 바랍니다.)

마 6:13절 보면 괄호 안의 ("나라와 권세와 영광이 아버지께 영원히 있사옵니다. 아멘!") 으로 끝낸 기도문의 내용이 고대 사본에는 없다고 성경의 난하주에 분명히 밝히고 있습니다.

그럼 "나라와 권세와 영광이 아버지께 영원히 있사옵니다. 라는 주기도문에서 가르치는 의미는 무엇일까요?

1. 주기도문에서 '나라'는 어떤 뜻이 있을까요?

'나라'라는 말은 오늘날 이 땅의 경계가 그어진 정치적인 국가로 생각할 수도 있지만, 주님의 다스림과 통치와 주권이 미치는 곳은 모두가 하나님의 나라라고 할 수 있습니다.

물론 성경을 문자적으로 해석하면 나라는 경계가 그어진 정치적인 국가로 생각할 수 있습니다. 우리 한글 성경에 "나라가 아버지께 영원히 있사옵니다."라는 '나라'는 헬라어 성경에는 바실레이아(βασιλεία)로, 영어 성경에는 킹덤(kingdom)으로 번역되어 있습니다. 헬라어 βασιλεία나, 영어 kingdom은 왕국을 가리키는 말입니다. 이미 주기도문의 세 번째 강해에서 '나라'에 대해서 말씀을 드렸습니다. 우리말로 하나님의 나라를 한문으로는 천국이라 합니다.

영어 성경에는 하나님의 나라를 "킹덤 오브 해븐(Kingdom Of Heaven)" 또는 "킹덤 오브 갓 (Kingdom Of God)"이라고 합니다. Kingdom Of Heaven이나, Kingdom Of God은 모두 하나님의 나라, 하나님의 왕국을 지칭하는 말입니다. 그러므로 영어 성경에 kingdom이란 단어는 하나님의 왕국으로 하나님의 통치와, 하나님의 주권과, 하나님의 다스림과, 하나님의 영역이 미치는 곳을 말합니다.

이렇게 볼 때 주기도문 끝 부분에 '나라'라는 말은 오늘날 이 땅의 경계가 그어진 정치적인 국가가 아니고, 우주와 만물을 창조하신 하나님께서 다스리는 하나님의 주권이 미치는 곳으로, 예수 그리스도를 믿음으로 고백하고 마음에 예수님을 영접한 그리스도인의 심령을 가리키는 말이라 할 수 있습니다.

눅 17:21절, "또 여기 있다 저기 있다고도 못하리니 하나님의 나라는 너희 안에 있느니라." 누가는 하나님의 나라는 여기 있다 저기 있다 못하며, 하나님의 나라는 예수 그리스도를 영접한 그리스도인의 마음에 있다고 말합니다.

눅 11:20절, "그러나 내가 만일 하나님의 손을 힘입어 귀신을 쫓아내는 것이면 하나님의 나라가 이미 너희에게 임하였느니라."

신약 성경에서 하나님의 나라에 대한 개념은 분명히 장소의 대한 개념이 아닙니다. 하나님의 나라는 넓은 의미로 우주가 다 하나님의 나라이지만, 그러나 좁은 의미로는 주님의 다스림과 통치와 주권이 미치는 곳입니다.

계 1:6절, "그 아버지 하나님을 위하여 우리를 '나라'와 제사장으로 삼으신 그에게 영광과 능력이 세세토록 있기를 원하노라. 아멘!"

계 5:10절, "저희로 우리 하나님 앞에서 '나라'와 제사장을 삼으셨으니 저희가 땅에서 왕 노릇하리로다 하더라."

계 1:6절과, 계 5:10절에는 하나님께서 성도를 하나님의 "나라"로 삼으셨다고 합니다. 그럼 성도를 하나님의 나라로 삼으셨다는 의미는 무엇일까요?

하나님께서 예수 그리스도를 영접한 사람들을 성도로 세우신 것은 하나님께서 직접 성도들을 다스리시고 통치하시고 지배하시고 하나님의 거룩한 백성으로, 즉 하나님의 '나라'를 세우시기 위한 것입니다.

그러므로 하나님께서 성도를 직접 다스리는 하나님의 나라 왕국으로 삼으신 것은 하나님의 특별한 은총이며 은혜이며 하나님의 특권입니다. 그래서 영어 성경에는 나라를 Kingdom(왕국)으로 번역한 것입니다. 주기도문에 "나라와 권세와 영광이 아버지께 영원히 있사옵니다."라는 나라는 교회 시대의 예수 그리스도를 왕으로 모신 성도들을 가리키는 말입니다. 그 하나님의 나라가 된 성도는 주기도문을 통해 "나라가 아버지께 영원히 있사옵니다." 라고 찬양을 주님께 드리는 기도문입니다.

예수 믿고 회개하고 물과 성령으로 거듭난 성도는 하나님 아버지께 영원히 속해 있는 하나님의 나라가 된 것입니다. 그리스도인들일지라도 육신의 몸을 입고 있는 동안에는 이 땅에 살고 있지만, 거듭난 예수님을 영접한 그리스도인들은 이 땅에 속한 것이 아니고, 주기도문의 마지막 송영과 같이 하나님 아버지의 나라에 속해 있습니다.

그러므로 그리스도인들은 이 땅에서 잠깐 동안 괴로움과 고통과 슬픔과 아픔이 있을지라도 주님 나라를 사모하면서 참고 견뎌야 합니다. 주님은 저와 여러분을 위해서 가장 좋은 것으로 예비해 놓으시고 맞이할 준비를 하고 계시다는 것을 알아야 합니다. 할렐루야!

요 14:1-3절, "너희는 마음에 근심하지 말라. 하나님을 믿으니 또 나를 믿으라. 내 아버지 집에 거할 곳이 많도다. 그렇지 않으면 너희에게 일렀으리라. 내가 너희를 위하여 거처를 예비하러 가노니 가서 너희를 위하여 거처를 예비하면, 내가 다시 와서 너희를 내게로 영접하여 나 있는 곳에 너희도 있게 하리라."

벧전 2:9절, "오직 너희는 택하신 족속이요 왕 같은 제사장들이요 거룩한 '나라'요 그의 소유된 백성이니 이는 너희를 어두운 데서 불러내어 그의 기이한 빛에 들어가게 하신 자의 아름다운 덕을 선전하게 하려 하심이라.”

베드로 사도도 그리스도인들은 거룩한 ‘나라’요, 하나님께 소유된 백성이라고 증거하고 있습니다. 그러므로 예수 그리스도를 영접한 그리스도인들은 하나님의 나라에 영원히 속한 사람들입니다.

2. 주기도문에 “권세가 아버지께 영원히 있사옵니다.” 라는 뜻은 무엇일까요?

일반적으로 권세란 힘이요, 권력이요, 세력으로 해석할 수 있습니다.

1) 이 세상에서 권세가 있는 사람들은 정치적으로 권력가가 아니겠습니까?

그러나 주기도문에서 말씀하신 ‘권세가 영원히 아버지께 있사옵니다.’라고 말씀하신 권세는 이 세상에 있는 정치적인 권력가의 권세를 지칭하는 말이 아닙니다. 권불십년이란 말이 있듯이 사람의 권세는 십년가기가 힘들다는 말이 있습니다. 그러므로 주기도문에서 말씀하신 “권세가 영원히 아버지께 있사옵니다.” 라고 말씀하신 권세는 사람의 권세가 아닌 하나님의 권세를 말하는 것입니다.

다윗은 시 146:3-5절, “방백(권세자들)들을 의지하지 말며 도울 힘이 없는 인생도 의지하지 말지니 그 호흡이 끊어지면 흙으로 돌아가서 당일에 그 도모가 소멸하리로다. 야곱의 하나님으로 자기 도움을 삼으며 여호와 자기 하나님에게 그 소망을 두는 자는 복이 있도다."라고 말씀한 것처럼 그리스도인들은 오직 예수님에게만 소망을 두어야 합니다. 사람에게 소망을 두는 것은 한계가 있고 실망을 줍니다. 다윗은 이 사실을 일찍이 깨닫고 오직 하나님께만 소망을 두고 하나님께만 의지하겠다고 합니다.

시 18:1-3절, "나의 힘이 되신 여호와여 내가 주를 사랑하나이다. 여호와는 나의 반석이시요 나의 요새시요 나를 건지시는 자시요 나의 하나님이시요 나의 피할 바위시요 나의 방패시요 나의 구원의 뿔이시요 나의 산성이시로다. 내가 찬송 받으실 여호와께 아뢰리니 내 원수들에게서 구원을 얻으리로다."

그래서 주기도문에 '권세가 아버지께 영원히 있사옵니다.'라고 찬양하듯이 우리의 소망은 오직 예수님께 영원히 있어야 합니다.

2) 영적으로 마귀는 어느 정도 권세가 있습니다.

사단 마귀는 영적인 존재이기 때문에 육신의 몸을 입고 있는 사람들보다는 월등히 권세가 있습니다. 사단 마귀 스스로도 예수님을 시험할 때 눅 4:5-6절 보면 "마귀가 또 예수를 이끌고 올라가서 순식간에 천하만국을 보이며 가로되 이 모든 '권세'와 그 영광을 내(마귀)가 네(예수)게 주리라. 이것은 내게 넘겨준 것이므로 나의 원하는 자에게 주노라."

마귀는 예수님에게 순식간에 천하만국을 다 보여주며 이 천하만국을 다스릴 권세를 내게 주었는데, 나에게 한 번만 절하면 너에게 이 권세를 주겠다고 예수님을 유혹합니다. 예수님은 사단 마귀의 권세가 영원하지 않다는 것을 아시기 때문에 사단 마귀에게 절하지 않았습니다. 사단 마귀의 권세는 예수님 오시기 전까지 어느 정도 권세가 있는 것은 사실이지만, 그러나 예수님께서 이 땅에 오시면 마귀의 모든 권세는 깨어지고 소멸되고 없어질 것입니다.

계 20:1-3절, "또 내가 보매 천사가 무저갱 열쇠와 큰 쇠사슬을 그 손에 가지고 하늘로서 내려와서 용을 잡으니 곧 옛 뱀이요 마귀요 사단이라. 잡아 일천 년 동안 결박하여 무저갱에 던져 잠그고 그 위에 인봉하여 천 년이 차도록 다시는 만국을 미혹하지 못하게 하였다가 그 후에는 반드시 잠간 놓이리라."

사단 마귀는 반드시 멸망할 날이 옵니다.

3) 창조주 하나님만 영원한 권세를 갖고 계십니다.

마 28:18절, "예수께서 나아와 일러 가라사대 하늘과 땅의 모든 권세를 내게 주셨으니"

하늘과 땅의 모든 권세는 예수님께 있습니다. 예수님은 이 땅에 오셔서 3년 반의 공생애 기간 동안에 마귀를 멸하시는 권세를 행하셨습니다. 그리고 성도들에게 마귀를 멸할 권세를 주셨습니다.

눅 9:1절, "예수께서 열 두 제자를 불러 모으사 모든 귀신을 제어하며 병을 고치는 능력과 권세를 주시고"

눅 10:19절, "내가 너희에게 뱀과 전갈을 밟으며 원수의 모든 능력을 제어할 권세를 주었으니 너희를 해할 자가 결단코 없으리라."

요 1:12절, "영접하는 자 곧 그 이름을 믿는 자들에게는 하나님의 자녀가 되는 권세를 주셨으니"

그러므로 이제는 언제든지 누구든지 예수 그리스도를 영접하고 하나님의 자녀가 되는 순간에 하나님께서 그리스도인들에게 영적인 권세를 주십니다.

3. 주기도문의 "영광이 아버지께 영원히 있사옵니다."라는 뜻은 무엇일까요?

성경에 영광이란 단어는 히브리어로 '카보드' 즉 '귀중하다'는 뜻입니다. 헬라어로는 영광을 '독사'라고 합니다. 헬라어로 독사는 '누구에게 좋은 평가를 받을 때' 영광이란 단어를 사용하였습니다. 성경에 영광이란 단어는 411차례나 등장하고 있습니다.

구약 성경에는 창조주 하나님께서 나타나실 때 영광으로 표현하였습니다. 이스라엘 백성들이 출애굽한 후에 40년 동안 하나님께서 낮에는 구름 기둥으로 밤에는 불 기둥으로 광야의 길을 인도하셨습니다.

출 13:21-22절, "여호와께서 그들 앞에 행하사 낮에는 구름 기둥으로 그들의 길을 인도하시고 밤에는 불 기둥으로 그들에게 비취사 주야로 진행하게하시니 낮에는 구름 기둥, 밤에는 불 기둥이 백성 앞에서 떠나지 아니하니라."

구약의 이스라엘 백성 가운데 나타나는 구름은 언제나 하나님의 나타나심을 상징한 것입니다.

출 24:16절, "여호와의 영광이 시내산 위에 머무르고 구름이 육일 동안 산을 가리더니 제 칠일에 여호와께서 구름 가운데 모세를 부르시니라." 뿐만 아니라 여호와의 영광은 구름으로 이스라엘 백성들의 성막 위에 나타나기도 하였습니다.

출 40:34-37절, "그 후에 구름이 회막에 덮이고 여호와의 영광이 성막에 충만하매 모세가 회막에 들어갈 수 없었으니 이는 구름이 회막 위에 덮이고 여호와의 영광이 성막에 충만함이었으며 구름이 성막 위에서 떠오를 때에는 이스라엘 자손이 그 모든 행하는 길에 앞으로 발행하였고 구름이 떠오르지 않을 때에는 떠오르는 날까지 발행하지 아니하였으며."

하나님이 나타나실 때 덮는 구름을 하나님의 현현(顯顯)이라 하고 히브리어로는 '쉐키나'라고 합니다. 쉐키나란 히브리어 샤칸에서 유래한 말입니다. 이 말은 하나님께서 인간들 가운데 임재하셨다는 말씀입니다. 구약 성경은 하나님께서 나타남 그 자체를 영광으로 표현하였습니다. 그러므로 성경에서 영광은 언제나 하나님의 임재나 하나님의 현현을 말하는 것입니다.

그럼, 주기도문에 "영광이 아버지께 영원히 있사옵니다."란 뜻은 무엇일까요?

1) 하나님의 영광은 일시적인 것이 아니라 영원한 것임을 의미합니다.

세상에서 사람들이 얻는 인기나 영광은 일시적인 것이지만 하나님의 영광은 영원합니다. 그러므로 그리스도인은 일시적인 세상의 영광을 추구하지 말고 쇄하지 아니하고 썩어지지 아니하고 없어지지 아니할 영원한 아버지의 영광을 추구해야 합니다.

딤전 1:17절, "만세의 왕 곧 썩지 아니하고 보이지 아니하고 홀로 하나이신 하나님께 존귀와 영광이 세세토록 있을지어다. 아멘."

계 1:6절, "그 아버지 하나님을 위하여 우리를 나라와 제사장으로 삼으신 그에게 영광과 능력이 세세토록 있기를 원하노라. 아멘."

2) 그리스도인으로서 하나님의 영광을 높이고, 찬양하라는 말씀입니다.

그리스도인은 하나님의 영광을 높이고 찬양하는 것이 바로 주기도문의 가르침의 내용으로 "아멘"하는 것입니다. 그래서 주님께서 가르쳐 주신 기도문의 맨 마지막에 "아멘"으로 끝맺음을 하고 있습니다.

계 3:14절, "라오디게아 교회의 사자에게 편지하기를 '아멘'이시요 충성되고 참된 증인이시요 하나님의 창조의 근본이신 이가 가라사대"

예수님은 아멘의 근본이십니다. 성경에 아멘이란 총 50번 나옵니다. 한국 사람들은 '아멘', 미국 사람들은 '에이멘', 중국 사람들은 '아만'이라고 합니다. 모두 원어로 같은 뜻입니다. 그러므로 아멘이란 뜻은 '확실히, 진실로, 그렇습니다, 동의합니다, 믿습니다, 약속합니다, 옳습니다.' 등의 뜻이 포함되어 있습니다.

주기도문 끝에 '아멘'의 의미는 다음과 같습니다.

1) 주기도문의 가르침대로 그렇게 기도하겠다고 서약하는 것입니다.

2) 주기도문의 가르침대로 하늘의 뜻을 이루는 삶을 살겠다고 약속하는 것입니다.

3) 주기도문의 가르침대로 육의 양식도 귀중히 여기는 삶을 살겠다는 것입니다.

4) 주기도문의 가르침대로 죄의 용서와 악을 멀리하고 회개의 삶을 살겠다고 약속하는 것입니다.

5) 주기도문의 가르침대로 하나님을 높이며 영광을 돌리는 삶을 살겠다는 것입니다.

그러므로 '아멘'은 동의하고, 믿고, 순종하고, 실천하겠다는 뜻입니다.

결론

할렐루야! 지난 9강에 걸쳐 주기도문의 강해 설교를 하게 하시고, 주기도문 강해 집을 출간하게 하신 하나님께 감사를 드립니다.

주님께서 가르쳐주신 주기도문을 한날 다른 종교의 염불 외우듯이, 또는 주문을 외우듯이, 종교적으로 주기도문을 암송하면 안 됩니다.

주기도문은 그 기도문에 담긴 주님의 깊으신 뜻을, 내 마음과 내 기도에 담고, 하나님의 뜻을 생각하며 하나님의 뜻을 따라 기도를 해야 함을 가르치는 것입니다. 주기도문은 주님께서 그리스도인들에게 가르쳐주신 가장 완벽한 기도문인 것입니다. 주기도문을 통해 진실한 기도를 배우고, 주기도문을 통해 살아 계신 하나님을 체험하는 계기가 되시기 바랍니다.

주기도문의 강해와 주기도문의 기도를 통해 여러분의 신앙생활의 삶속에 하나님의 놀라운 은총과 은혜와 복이 함께 하시기를 진심으로 축원합니다. 아멘!

본 설교에 인용된 성경 구절의 핵심 요점

1) 마 17:21, "기도와 금식이 아니면 이런 류가 나가지 아니하느니라."

2) 마 6:13, "나라와 권세와 영광이 아버지께 영원히 있사옵니다. 아멘."

3) 눅 17:21, "하나님의 나라는 너희 안에 있느니라."

4) 눅 11:20, "하나님의 나라가 이미 너희에게 임하였느니라."

5) 계 1:6, "우리를 나라와 제사장으로 삼으신 그에게"

6) 계 5:10, "나라와 제사장을 삼으셨으니"

7) 계 1:6, 5:10, "우리를 나라와 제사장으로 삼으신"

8) 요 14:1-3, "너희는 마음에 근심하지 말라. 하나님을 믿으니 또 나를 믿으라. 내 아버지 집에 거할 곳이 많도다. 그렇지 않으면 너희에게 일렀으리라. 내가 너희를 위하여 처소를 예비하러 가노니 가서 너희를 위하여 처소를 예비하면, 내가 다시 와서 너희를 내게로 영접하여 나 있는 곳에 너희도 있게 하리라."

9) 벧전 2:9, "오직 너희는 택하신 거룩한 나라요."

10) 시 146:3-5, "야곱의 하나님으로 자기 도움을 삼으며"

11) 시 18:1-3, "나의 힘이 되신 여호와여."

12) 눅 4:5-6, "이 모든 권세와 그 영광을 내가 네게 주리라."

13) 계 20:1-3, "용을 잡으니 곧 옛 뱀이요 마귀요 사단이라."

14) 마 28:18, "하늘과 땅의 모든 권세를"

15) 눅 9:1, "병을 고치는 능력과 권세를 주시고"

16) 눅 10:19, "원수의 모든 능력을 제어할 권세"

17) 요 1:12, “하나님의 자녀가 되는 권세를 주셨으니”

18) 출 13:21-22, “여호와께서 그들 앞에 행하사”

19) 출 24:16, “여호와께서 구름 가운데 모세를 부르시니라.”

20) 출 40:34-37, “그 후에 구름이 회막에 덮이고”

21) 딤전 1:17, “홀로 하나이신 하나님께 존귀와 영광이 세세토록 있을지어다. 아멘.”

22) 계 1:6, “그에게 영광과 능력이 세세토록 있기를 원하노라. 아멘.”

23) 계 3:14, “아멘이시오 하나님의 창조의 근본이신 이가 가라사대”

심화 학습 (주기도문 성경공부하기)

1) 주기도문의 마지막 송영의 부분이 마태복음에는 기록되어 있는데, 누가복음에는 왜 없는지 그 이유를 설명해 보세요.

2) 주기도문이 기록되어 있는 성경에는 '대개'라는 단어가 없는데 왜 오늘날 교회에서는 주기도문을 암송할 때 대개라는 단어를 사용하는지 설명해 보세요.

3) 주기도문에 '나라'가 아버지께 영원히 있사옵니다의 부분에서 '나라'란 무엇을 의미하는지 설명해 보세요.

4) 하나님께서 그리스도인들에게 주신 권세가 무엇이고, 언제 그리스도인들에게 권세를 주셨는지 설명해 보세요..

5) '아멘'이란 뜻을 설명해 보세요.

6) 마지막 주기도문의 강해 설교를 통해 깨우친 것이 무엇인지 설명해 보세요.

10강

[부록]

무엇이 나를 기도하게 하는가?
필자의 기도 응답사례

10강

무엇이 나를 기도하게 하는가?

골 4:2, "기도를 항상 힘쓰고 기도에 감사함으로 깨어 있으라."

바다를 항해하는 항해사나, 가보지 않은 먼 길을 떠나는 나그네에게는 반드시 나침반이나 가이드가 필요한 것처럼, 현대를 살아가는 그리스도인들도 때로는 창조주 하나님께 기도를 어떻게 해야 할지 갈등하거나 부담스러워하거나 방황할 때 본서는 성경적 기도의 지침서가 될 것이다.

유명한 설교가 스펄젼 목사는 "100년을 염려하는 것보다 차라리 10분간 기도하는 편이 좋다."고 했고, 레날드 레보넬은 "천만 명의 군중보다는 하나님 앞에서 기도하는 단 한사람이 더 위대하다."고 했으며, 발튼 버쳐는 "슬픔과 고통으로 엎드려 있느냐? 기도할 것 밖에 없고 핍박을 당하고 욕을 먹고 미움을 받느냐? 기도할 것밖에 없고 죽음이 너희 집안에 찾아 왔느냐? 기도할 것밖에 없느니라." 라고 하였다. 아우구스 몬테규는 "우리는 일어나서도 걸어가면서도 누워서도 기도할 것 밖에 없다."고 하였다. 프랭클린은 "백 년을 살 것처럼 일하고 내일 죽을 것처럼 기도하라."고 말하였고, 또 죤 에이크맨 웰리스는 "기도는 세상을 움직이는 손을 움직인다."고 고백하였다.

그렇다, 기도는 하나님을 움직이고, 하나님은 사람을 움직이신다.

E. M. 바운즈(Edward Mckendree Bounds, 1835-1919)는 매일 새벽 4시부터 7시까지 기도의 골방에서 하나님과의 교제에 혼신을 다했다. 그 결과 그는 기도에 관한 책을 시리즈로 펴냈고, 수많은 사람들에게 기도의 동력을 불어넣어 주었다.

우리가 살고 있는 지구촌에는 수많은 종교와 종파가 있다. 그 모든 종교와 종파는 나름대로 다 신(神)에게 기도하는 형태가 존재한다. 뿐만 아니라 어떤 종교든지 기도의 공통점은 인간이 신(神)에게 마음의 소원과 바라는 것을 이루어 달라고 간구하는 것이다. 여기서 우리가 깨달아야 할 것은 기독교의 기도는 다른 종교의 신(神,god)에게 기도하는 기도의 대상에 비해 확실한 실존의 전능하신 신(神)에게 기도한다는 것이다. 이렇게 볼 때 기독교는 다른 종교에 비해 훨씬 우월성과 살아 역사하시는 실존의 하나님께 기도하는 것이다.

그러므로 우리가 살아 계신 창조주 하나님의 자녀로 선택되고, 하나님께 기도한다는 것이 얼마나 큰 은혜이며 복인가? 그러므로 기도는 하나님께서 이 땅에 신앙 생활하는 그리스도인들에게 허락하신 특별한 하나님의 은혜이며 은총이다.

성경에 예수님께서도 3년 반의 공생애 기간 중에 많은 것을 가르치셨지만 그 중에서 특별히 기도에 대해서 '너희는 이렇게 기도하라'고 눅 11:1-4에 '주기도문'을 가르쳐 주셨다. 그러므로 기도는 그리스도인의 신앙생활에 하나님과 영적인 교통을 할 수 있는 유일한 통로이다. 그리스도인이라면 누구나 기도를 능동적으로 하든지, 수동적으로 하든지, 아니면 형식적이나 의식적으로라도 한다.

그러므로 본 교재에서는 기도가 무엇이며, 왜 기도를 해야 하는가? 그리고 기도를 어떻게 하는 것이 성경적인 기도인가를 배우고자 한다.

기도 응답 사례

기독교 이천년 역사뿐만 아니라, 성경 전체의 역사 속에 수많은 믿음의 사람들이 창조주 하나님을 믿고, 창조주 하나님께 기도하여 응답 받은 실례들은 다 기록할 수 없을 정도로 차고 넘친다. 대표적으로 죠지뮬러는 하나님께 기도하여 5만 번도 더 응답받았다는 책을 썼다.

필자의 기도 응답 사례들!

필자의 신앙생활과, 목회 활동을 통해 하나님께 기도하여 응답받은 사례들을 부끄럽지만 지면을 통해 간증의 은혜를 나누려 한다. 결코 자랑이 아니라는 것을 밝히려한다.

기도 응답의 첫 번째 사건

필자가 신앙생활을 시작한 것은 1971년 초이고, 목회를 시작한 것은 1984년부터이다. 전도사 시절, 개척의 꿈을 갖고 인천의 무허가 단칸방에서 목회를 시작하여, 1985년 11월 결혼을 앞두고 기거할 집이 없어서 인천 숭의동 약 30여 평의 지하실을 임대하여 목회와 결혼 생활을 시작하였다.

지하실 30여 평을 예배당으로 임대하여 절반은 예배당으로, 절반은 사택으로 꾸며 목회생활과 결혼생활을 시작하였다. 사실 우리 때는 돈 없고 후원자가 없는 목회 초년생들은 대부분 이런 식으로 목회를 시작하였다. 사실 그때는 그것이 고생인줄도 모르고 기쁘고 즐겁고 감사하게 목회를 하였다. 그리고 그때는 하나님의 은혜로 좁은 공간이지만 성도들이 꽉 찰 정도로 전도되어 성도들과 함께 성령 충만한 목회를 했다.

그런데 그 지하 예배당 임대료가 보증금 500만 원에 매월 월세가 12만 원인데 가난한 성도들이 헌금한 것을 매월 12만 원씩 지불한다는 것이 아깝기도 하였고, 매달 부담이 되기도 하였다. 그때는 정말 가난한 성도들과 나이 어린 학생, 청년들이 대부분이었기 때문에 교회 재정이 어려웠다.

그렇게 목회를 하던 중 1986년 4월 말 주일, 설교하던 중 "다음 주 월요일부터 금식 기도 20일 다녀오겠습니다."라고 제 입에서 선포를 하였다. 예배당 임대료가 매월 12만 원씩 지불되는 것 때문에 하나님께서 400만 원만 주신다면 월세를 전세로 돌릴 수 있을 것이고,

매월 12만 원씩 지출 안 되도 될 것 같은 생각으로 기도하고 있었기에, 아마 설교하다가 내 의지와 관계없이 말이 툭 나갔던 것 같다. 그때는 전도사였는데 아무리 전도사라도 목회자의 입을 통해 나간 말이니 지킬 수밖에 없었다. 교회 제직들에게 두 주간 예배 프로그램을 맡기고 그 다음 월요일에 간단하게 짐을 꾸려 수원에 있는 칠보산 기도원으로 20일 작정 금식 기도를 하기 위해 떠났다.

당시 수원 칠보산 기도원에는 금식하시는 목회자들이 많이 있었다. 기도원에 도착하여 20일 작정 금식 기도하러 왔다니까 기도원 사무실에서 각서를 쓰라고 하였다. 금식 기도하다가 혹시 잘못되는 일이 있어도 기도원에는 책임이 없다는 각서를 요구했다. 그 잘못되는 일이 무엇이냐면 금식하다가 혹시 죽는 경우도 있다는 것이다. 믿음으로 금식 기도하러 왔는데 죽어도 기도원에는 책임이 없다는 각서를 쓰라니까 감정이 좀 야릇하기는 했지만 전도사가 금식하다가 죽는 것이 두려워서 금식을 포기한다면 전도사 사명이 문제 아니겠는가? 하며 담대함으로 금식을 시작하였다.

금식 기도의 제목은 '오직 하나님 400만 원 주세요.'가 기도 제목이었다. 지금 누가 들으면 순진하다 생각하겠지만, 그때는 정말 간절했다. 그렇게 금식 기도가 하루가 가고 이틀이 가고 일주일이 갔다. 간절한 기도의 제목이 있으니 배 고프고 힘든 줄도 별로 몰랐다.

그때는 핸드폰이 없는 시절이니 집과 교회가 궁금해서 공중전화로 아내에게 전화를 했다. 그런데 전화를 통해 같은 교단의 지금은 고인(故人)이 되신 당시 전남 목포에서 목회하시던 장OO 전도사님에게 전화가 왔다는 것이다. 장 전도사님은 필자의 한 학기 선배이셨다. 그 전도사님께서 필자인 저, 한상수 전도사를 찾는다는 것이다.

아내가 전도사님 지금 집에 없고 기도원에 금식 기도 갔다니까 왜 금식 기도 갔냐고 물어서 대충 이야기를 전달했단다. 그 전도사님 하는 말이 전남 목포에서 배 타고 약 30-40분 들어가면 율도라는 작은 섬이 있는데 그 섬의 율도 교회에서 신앙생활하시는 오진석 집사님이라는 분이 물고기 잡는 사업을 하셨는데 그때는 물고기 잡는 사업이 꽤 잘되는 시절이었던 것으로 기억한다.

그런데 그 집사님이 제가 금식 기도하는 그 주간 금요일 밤, 혼자 산에서 기도하는데 제 얼굴이 환상으로 나타났다는 것이다. 그 집사님은 평소에 그런 환상을 본 적이 한 번도 없고 하도 신기하고 이상하고 무슨 뜻인지 몰라 그 집사님의 동서이며 지금은 고인이 되신 장 전도사님에게 전화로 물어보라 해서 우리 집으로 전화를 하게 된 것이다.

제 아내가 400만 원이 필요해서 금식기도 갔다고 하니까 그 이야기를 전해 들으신 오진석 집사님께서 그 400만 원을 자신이 해주시겠다고 연락이 온 것이다. 사실 저는 그 오 집사님을 잘 모를 때다. 그 집사님도 저를 모르기는 마찬가지이다.

전남 율도라는 작은 섬에 제 동기 이OO 전도사님이 같이 신학교 다닐 때 목회하고 있었는데 방학 때 한번 놀러 오라 해서 겨울 방학 때 놀러 갔다가 얼굴 한번 뵌 것이 전부이다. 그런데 그 집사님 입장에서는 필자에 대한 깊은 기억이 있었을 것이다. 왜냐하면 필자의 동창이기도 한 이 전도사가 목회하고 있는 율도 교회에 겨울 방학을 이용해 방문해서 필자가 막 율도 교회에 도착해서 사택에 들어가 앉

았는데 어떤 학생이 담임 전도사를 찾았다.

담임 전도사가 왜 그러냐고 하니까 학생이 하는 말이 우리 할머니가 돌아가셨다는 것이다. 그 이야기를 들은 담임 전도사가 숨도 돌리기 전에 필자를 데리고 상가(喪家) 집으로 가서 할머니 시신을 모신 안방에서 임종 예배를 드리고, 밤을 새우며 장례를 치룰 때 그때 율도에서 배 사업을 하시는 오진석 집사님을 처음 뵌 것이다. 장례식 때 상여를 맬 사람이 없어서 총각인 저도 처음으로 상여를 멨다. 그때 오진석 집사님을 처음 보았고 그 집사님도 저를 처음 본 것이 전부이다.

필자는 그 집사님을 잘 모를 뿐만 아니라, 그 집사님에게 도와 달라고 요청한 적은 더더욱 없다. 그런데 교회에 필요한 재정 때문에 20일 작정 금식 기도 중에 일주일 만에 응답이 온 것이다. 그러니 나머지 20일까지 금식 기도가 얼마나 은혜롭게 시간이 흘러갔겠는가? 주변에 같이 금식 기도하는 목회자들에게 금식 기도 중에 벌써 응답이 왔다고 간증했더니 부러워하는 눈치였다. 아무튼 지금은 400만 원이 큰돈이 아닐지 모르지만 그때 1986년 5월 당시에 400만 원은 큰돈이었다.

그렇게 금식 기도로 응답받은 돈의 약속은 400만 원이었는데, 그 집사님께서 그해 12월에 그 당시 율도교회에 새로 부임하신 이00 목사님을 통해 100만 원을 보내 주셨고, 그 다음에는 연락이 없어서 100만 원으로 끝났나보다 했는데, 그 이듬해인 1987년 봄 4월쯤인가 장 전도사님을 통해 400만 원을 보내 주셨다.

결국 그 집사님은 500만 원을 헌금해 주셨다. 하나님은 차고 넘치게 주시는 분이심을 믿는 사람들이 깨달았으면 좋겠다. 나의 목회

사역에 잊을 수 없는 분, 오진석 집사님이시다. 하나님께서 큰 복을 주시기를 늘 기도하고 있다.

제가 이 간증을 싣는 것은 결코 자랑이 아니라 예수 믿는 사람들의 믿음의 금식 기도는 하나님께서 들으시고 응답해 주신다는 것을 말씀드리려는 것이다.

사 58:6, “나의 기뻐하는 금식(禁食)은 흉악의 결박을 풀어 주며 멍에의 줄을 끌러 주며 압제당하는 자를 자유케 하며 모든 멍에를 꺾는 것이 아니겠느냐?”

금식 기도는 하나님을 움직이고, 하나님은 사람을 움직이심을 믿기 바란다.

기도 응답의 두 번째 사건

1988년 처음으로 운전면허를 따고 “하나님 차 주세요.”라고 기도를 시작하였다.

왜? 개척교회 전도사가 돈이 없으니 하나님께 기도할 수밖에! 자동차 면허를 취득하기 전에는 자동차를 사려는 생각을 해보지 않았다.

면허를 딴 후에 버스에 타면 맨 앞자리에 앉아서 어떤 차를 구입할까 지나가는 차들을 보고 기도의 꿈을 키웠다. 개척 시절에 돈이 없으니 새 차는 부담스럽고, “하나님 우리 형편을 아시니 중고차라도 하나 주세요.” 했다. 그 당시 기아 차에서 나온 봉고 승합차를 많은 교회에서 구입하여 운행할 정도로 유행했다. 그래서 봉고 승합차 중고라도 달라고 기도했다. 그런데 기도 시작 후 얼마 지나지 않아 장모님께서 400만 원을 헌금해 주셨다.

하나님 감사합니다! 바로 더 보태서 500만 원짜리 중고 봉고 승합차를 사가지고 다닐 때 아직 우리 교회보다 형편이 더 좋은 교회들도 자동차를 구입하지 않은 때였다. 우리 교회 형편에서 중고차이기는 하지만 자동차를 구입할 수 있었던 것은 순전히 믿음의 기도로 봉고 승합차를 구입하게 된 것이다.

기도 응답의 세 번째 사건

중고 봉고차를 몇 년 타다 보니 고장이 자주나 이제는 폐차를 해야 할 형편이었다.

처음 구입한 애마 같은 봉고 승합차를 폐차하고 돌아오는 날 이상하게 가슴이 찡하고 눈물이 핑 돌았다. 그만큼 봉고 승합차를 사랑했나보다. 왜 사랑하는 사람이나 가족이 세상을 떠나 화장장에서 화장하고 돌아 올 때의 그런 마음이었다.

봉고차를 폐차하고, 하나님 이번에는 승용차를 주세요라고 기도를 시작하였다. 당시에는 목회자들이 승용차를 타는 것이 유행이었다. 봉고차도 황송했지만, "승용차 중에 어떤 승용차냐?" 하시길래, "이번에는 중고차 아니고 새 차 현대서 생산한 회색 엑셀 승용차 TRX입니다."라고 했더니 하나님께서 정확하게 기도한 대로 새

차 회색 엑셀 승용차 TRX를 주셨다. 엑셀 승용차 TRX를 약 10년 타다 폐차하였다.

기도 응답의 네 번째 사건

엑셀 승용차 TRX를 약 10년 타다 폐차하게 되어, 이번에는 하나님께 새 차 현대에서 생산한 승합차 금색으로 된 스타렉스 11인승으로 달라고 기도를 시작했다. 스타렉스가 6인승도 있고, 9인승도 있고, 11승도 있고, 12인승도 있는데, 저는 꼭 11승을 놓고 기도했다. 그 당시 우리 교회 형편으로 새 차 스타렉스 11인승을 살 수 있는 형편이 아니었다. 아무튼 우리는 기도했다. 교회 성도들에게 새 차 구입을 위해 헌금을 요구했지만 반응들이 좋지 않았다.

그렇게 몇 개월 기도한 후 어느 날 우리 교회 집사님이 전화오기를 자기 남동생이 어느 회사 사업 아이템 프로그램을 만들어 주었는데, 그 회사에서 주식을 받아 주식을 팔아 돈이 들어오게 되어 우리 교회로 십일조 1,500만 원을 보내고 싶다고 했다는 것이다. 할렐루야! 그런데 그 남동생은 서울에 살고 우리 교회 출석하지 않는 동생이었다. 우리 교회 출석도 하지 않고 예수 믿지 않는 동생이 어떻게 십일조하려는 감동을 받았을까? 그런데 그 십일조가 딱, 우리가 기도하던 승합차를 살 수 있는 돈이었다.

그래서 그 다음 날부터 은행에 가서 통장을 찍어 보는데 일주일이 되도 통장에 돈이 안 들어왔다. 약간 실망한 가운데 그 다음 주

다시 은행에 출근하여 통장을 확인하는데 어느 날 1,600만 원이 통장에 찍혀있었다. 십일조, 1,500만 원, 감사헌금, 100만 원이란다.

와! 할렐루야! 하나님께서 보내주셨구나! 얼마나 기쁘고 감사했는지, 체험이 없는 사람들은 모를 것이다. 그 돈은 정확히 그 당시 스타렉스 11인승을 살 수 있는 돈 이었다. 그래서 그 다음 주 바로 현대 자동차 판매장에 가서 스타렉스 11인승 새 차를 계약하고 구입하였다.

그런데 자동차 헌금은 한 푼도 하지 않은 어느 집사님이 하는 말, "목사님, 중고 자동차 사시고 그 남은 돈을 다른데 좀 쓰시지요."라고 하는 거다. 내가 표현은 하지 않았지만, 본인이 헌금 못해 미안해서 그랬겠지 하고 속으로 삭혔다. 그리고 그 이듬해에 그 집사님의 남동생은 또다시 주식을 팔아 십일조 1000만 원을 보내 주셨다. 할렐루야! 하나님은 불신자의 돈도 움직이시는 전능하신 창조주 하나님이심을 믿기 바란다.

신앙이 없는 사람도 십일조를 하는데 예수 믿는 사람들이 십일조가 아까워 못하면 믿음의 사람이라 할 수 있겠는가?

말 3:8-10, "사람이 어찌 하나님의 것을 도적질하겠느냐. 그러나 너희는 나의 것을 도적질하고도 말하기를 우리가 어떻게 주의 것을 도적질하였나이까 하도다. 이는 곧 십일조와 헌물이라. 너희 곧 온 나라가 나의 것을 도적질하였으므로 너희가 저주를 받았느니라. 만군의 여호와가 이르노라, 너희의 온전한 십일조를 창고에 들여 나의 집에 양식이 있게 하고 그것으로 나를 시험하여 내가 하늘 문을 열고 너희에게 복을 쌓을 곳이 없도록 붓지 아니하나 보라." 성도여, 말라기 선지자의 말씀을 믿으라!

기도 응답의 다섯 번째 사건

스타렉스 11인승 자동차를 약 10여 년 간 타다 보니 고장이 나기 시작하면서 어느 날 도로 한 가운데서 차가 멈춰 섰다. 아찔한 순간을 두세 차례 경험하면서 “이번에는 하나님, 승용차 주세요, 그것도 그렌져 검정색으로 주세요.”라고 기도했다.

그렇게 기도하고 있는데, 어느 날 우리 둘째 아들이 중고차 사업을 하는데 “아빠, 와보세요.” 한다. 그래서 아내랑 같이 둘째 아들이 사업하는 중고차 시장으로 갔더니 아빠 차를 사드릴 테니 여기 있는 차중에서 제일 좋은 것으로 골라보세요 한다. 그 자리에 여러 대의 중고 그렌져 승용차들이 주차 돼 있었다.

물론 중고 자동차이지만 그 자동차는 가격이 삼천만 원이 넘기에 “야! 네가 무슨 돈이 있다고 아빠 차를 사준다는 거야?” 그런데도 둘째 아들은 여기서 제일 좋은 차로 고르라 한다. 그래서 그중에 연식이 얼마 안 되고 상태가 가장 좋은 그렌져로 몰고 와서 지금까지 애용하고 있다.

하나님은 기도하면 누구를 통해서 역사하실지 모르기에 예수 믿는 사람들은 전능하신 창조주 하나님을 믿고 기도하면 기적이 일어날 것을 믿기 바란다.

막 9:23, “예수께서 이르시되 할 수 있거든이 무슨 말이냐, 믿는 자에게는 능치 못할 일이 없느니라 하시니”

막 11:24, “그러므로 내가 너희에게 말하노니 무엇이든지 기도하고 구하는 것은 받은 줄로 믿으라. 그리하면 너희에게 그대로 되리라.”

기도 응답의 여섯 번째 사건

필자가 기도 응답을 받은 사례에 자동차 이야기만 했더니 자동차 응답만 받았나보다 하실 분들이 계실 것이다. 목회 40여년 가까이 왜 자동차 구입 기도 응답만 있었겠는가? 교회를 개척하여 임대 교회 건물을 전전하면서 2004년에 처음으로 건축된 건물을 매입하여 인천 서구 가정동으로 이전을 하였다.

가정동으로 이전하기 전에는, 인천 간석3동이라는 곳에서 상가를 임대하여 목회하고 있었다. 목회자 마음에 건축된 건물을 구입하여 이전하고 싶은 간절함이 있어서 교회 성도들에게 건축 헌금을 하도록 작정을 시켰는데 가난한 교인들이 목회자의 마음을 이해하여 몇 십만 원부터 몇 백만 원씩 작정해 주셨다. 그중에 어떤 집사님은 1억이란 거액을 작정하였다. 기뻤다. 성도들이 목회자의 마음을 이해하고 같이 건축 헌금을 작정해 주셔서 감사하는 마음으로 기도하고 목회하는 중에 어느 날 OOO집사님이 교회를 떠나겠다는 것이다. 어쩌겠는가? 가는 사람 붙잡을 수 없는 것이 목회이지 않는가? 그 집사님은 그래도 건축 헌금 작정한 200만 원은 헌금하고 교회를 떠났다. 총각때부터 알고 지낸 집사님인데 아쉬웠다.

그 뒤 몇 주 지나지 않아 어느 OOO집사님이 목사님 식사 한번 하시지요. 한다. 인천 시청 앞 유명한 명동 보리밥 집으로 오시란다. 그런데 밥을 먹으러 가는데 무언가 마음에 찜찜하다. 밥을 다 먹고 난 뒤 그 집사님이 하는 말, "목사님, 죄송하지만 교회를 떠나겠습니다."라고 한다. 한참 침묵했다. 이상한 예감은 틀리지 않았다. 그러면서 그 집사님이 교회 건축 헌금 작정한 1억은 빠른 시일 내에 드리도록 각서를 쓰겠다고 하였다. 그래서 저는 잠시 생각하고. "집사님, 마음에 너무 부담 갖지 마세요."라고 했다. 그 말은 교회 떠나는 것을 돌이키라는 말이었다. 그런데 그 집사님은 그 다음 주부터 정말 교회를 나오지 않고 같은 교단의 서울 어느 교회로 출석하게 된 것을 알게 되었다.

아마 이 글을 읽으시는 분들은 궁금할 것이다. 그 집사님이 1억의 헌금을 했는지, 그 집사님이 1억의 헌금을 했다면 교회는 떠났지만 제가 많은 교회와 많은 사람들에게 간증을 했을 것이다. 그런데 그 집사님은 나중에 신학 공부를 하기 위해 신학교에 갔다. 신학교 교수인 제 강의를 듣게 되어 몇 년 전에 작정한 헌금을 조심스럽게 이야기 꺼냈더니, 저는 그때 목사님께서 건축 헌금 작정한 것 안 해도 된다고 이해를 했다는 것이다.

신앙생활을 오래했다는 집사님의 신앙이 정말 이해가 되지 않았다. 성경을 어떻게 읽었기에 성경에 서원(誓願)하고 작정한 것에 어떻게 하라고 기록 되 있는 것으로 읽었는지 의심스럽다. 신학 공부를 하면서 우리 교회 사무실에 와서 상담할 일이 있어서 상담 중에 자기가 건축 헌금 작정한 1억은 꼭 드리겠다고 해서 믿기로 했다. 그 후 그 집사님이 출석하는 교회가 교단에서 떠나게 되면서 자연스럽게 그 집사님하고는 연락이 끊기고 건축 헌금 이야기도 사라졌다.

그 뒤 누가 "목사님, 식사 한번 하시지요."라고 하면 가슴이 철렁 내려앉는다. 혹시 평신도들이 이 글을 읽으시는 분들이 계시면 목사님과 식사는 절대로 교회 떠날때 대접하지 말라. 혹시 그 집사님이

이 글을 읽게 된다면 오해 없기를 바란다.

그 후 교회는 성도들이 떠나는 도미도 현상이 일어나면서 많은 가정과 성도들이 교회를 떠났다. 교회는 그 어려운 가운데도 인천 서구 가정동으로 건물을 매입하여 이전하였다. 그 과정에는 목회자의 아파트도 팔고, 성도들이 헌금하고, 해서 건물을 매입하여 옮길 수 있었다. 왜 기도 제목이었고 응답이었으니까! 목회자가 기도한 것은 어려워도 힘들어도 그 방향으로 나가면 하나님의 복이 그 뒤에 따라 온다. 할렐루야!

신 23:21-23, "네 하나님 여호와께 서원하거든 갚기를 더디 하지 말라. 네 하나님 여호와께서 반드시 그것을 네게 요구하시리니 더디면 네게 죄라. 네가 서원치 아니하였으면 무죄하니라마는 네 입에서 낸 것은 그대로 실행하기를 주의하라. 무릇 자원한 예물은 네 하나님 여호와께 네가 서원하여 입으로 언약한 대로 행할지니라."

전 5:4-6, "네가 하나님께 서원하였거든 갚기를 더디게 말라. 하나님은 우매자를 기뻐하지 아니하시나니 서원한 것을 갚으라. 서원하고 갚지 아니하는 것보다 서원하지 아니하는 것이 나으니 네 입으로 네 육체를 범죄케 말라. 사자(목자) 앞에서 내가 서원한 것이 실수라고 말하지 말라. 어찌 하나님으로 네 말소리를 진노하사 네 손으로 한 것을 멸하시게 하랴."

이 글을 읽는 성도들이 계시다면 하나님 앞이나, 목사 앞에 서원한 것을 실수라 하지 말고 서원한 것이 있다면 더디게 말고 반드시 속히 이행할 때, 하나님의 복이 있음을 믿기를 바란다.

기도 응답의 일곱 번째 사건

인천 간석3동 3층 임대 건물에서 목회하고 있었을 때 아마 2001년쯤으로 생각하는데, 친분이 있는 미국 흑인 모리슨 목사님이 한국에 오신다는 것이다. 그래서 한국에 오실때 우리 교회에서 부흥회를 하기 위한 계획을 세웠다. 부흥회에 필요한 물품들은 구입해야 하는데 재정이 부족하여 기도하고 있었는데, 어느 날 사모가 교회 문을 열고 들어가는데 10만 원짜리 낡은 수표 두 장이 교회 문 밑으로 들어와 있는 것을 주워왔다.

사모에게 "이런 수표를 사용하면 큰일 난다. 누가 도난 수표를 교회 문 밑에 갔다 놨는지도 모르는데 사용하면 큰일 나니 당장 갔다 버리라."고 했는데 사모는 버리지 않았다. 그렇게 며칠 지나면서 필요한 물품을 사야 할 것이 있어서 사모에게 "그 수표 줘봐라! 한 번 사용해 보자." 하고 가서 사용했는데 아무 이상이 없었다. 하나님께 "돈을 보내 주시려면 수표 말고 현금으로 주세요."라고 기도했다.

그런데 그 당시 우리 교회에 일천번제 철야를 작정하면서 기도하던 유OO 여 집사님이 계셨다. 지금은 충북 진천에서 목회하고 계시는데 참으로 기도에 열정이셨고 고마운 분이다. 어느 날 밤, 유 집사님이 교회 문을 열고 들어가다가, 문 밑에 광고지 종이로 돌돌 말은 종이를 발견하였다. 그것을 열어보니 현금 40만 원이 들어 있어서, 담임 목사에게 전해 주셨다. 그 다음부터는 정확히 한 달에 한 번씩 누군가 그와 같이 현금을 갖다 놓았다.

어느 날은 사모도 발견하고, 목사인 필자도 발견하였다. 그때부터는 교회 문을 열고 들어갈 때 항상 문 아래를 쳐다보는 습관이 생겼다. 누굴까? 우리 교회 성도들은 절대 그럴 사람이 없다. 하나님께서 누군가를 통해 역사하신 것이다. 하나님은 까마귀를 통해서도 역사하신다는 것을 저는 확실히 믿는다.

이렇게 까마귀 역사는 한 일 년 지속되다 끝났다. 하나님은 북이스라엘 3년 6개월 가뭄 속에 까마귀를 통해 엘리야 선지자에게 떡과 고기를 물어다 주게 하셨던 것처럼, 지금도 하나님을 믿는 사람들에게 까마귀 역사는 지속됨을 믿기를 바란다.

왕상 17:6, "까마귀들이 아침에도 떡과 고기를, 저녁에도 떡과 고기를 가져왔고 저가 시내를 마셨더니"

기도 응답의 여덟 번째 사건

2008년, 우리교회는 인천서구 가정동이라는 곳에서 도시 재생 재개발로 보상을 받고 쫓겨나서 예배당을 옮기게 되었다. 예배당을 어디로 옮겨가야 할지 하나님께 기도하며 부동산을 찾아다니기 시작했다. 당시 집 근처에 부동산 한 곳을 약 3개월 출근하다시피하며 현 인천 서구 석남 3동 지하 1층 지상 4층의 건물이 매물로 나온 것을 보고 구입하기로 결심하였다. 그런데 우리 교회가 보상 받은 돈으로는 그것을 매입하기에는 턱없이 부족했다. 하지만 믿음으로 은행 대출의 빚을 더 내서라도 계약하고 이사하기로 결정하였다. 물론 이사하는 과정에 어려움도 있었다.

왜냐하면 우리가 매입한 건물 지하에 교회가 있었는데 그 교회를 내보내야하는데 쉽지 않았다. 하여튼 건물을 매입하고 처음에는 필자가 목사인 것을 밝히지 않았지만, 그 분이 나중에 필자가 목사인 것을 알고 못나간다고 떼를 썼다. 결국 충분한 이사 비용을 지불하기로 하고 교회를 내보내고 지하 예배당과, 1층 교육관 사무실을 인테리어하고 이사를 했다. 2층과 3층은 세주고 4층은 목회자 사택으로 사용하면서 현재까지 목회를 해오고 있다. 우리가 믿는 창조주 하나님은 참으로 좋으신 하나님이시다.

그 힘든 가운데 1억이 넘는 돈을 들여 건물 인테리어를 하고, 그동안 세입자 보증금1억 6천만 원도 다 갚게 하신 에벤에셀의 하나님께서 도우시고 인도하심에 참으로 감사드린다. 그동안에 많은 성도들이 교회를 떠나고, 남아 있는 성도들과 함께 하나님의 나라를 사모하며 천국복음을 전하며 마지막 하나님께서 주신 사명을 감당하려고 노력하고 있다.

필자가 주장하는 것이 하나 있는데 하나님은 동서남북 사방의 문(門)과, 또 하나 하늘의 문(門)을 준비하고 계시다는 것을 깨달으라는 것이다. 목회자나 성도들이 기도하면 하나님은 반드시 필요로 하는 문 하나를 열어 문제를 해결해 주신다는 것을 믿기 바란다. 필자는 이 논리를 설교할 때나 혹은 가르칠 때 전한다.

하나님은 기도하는 성도들에게 모든 문을 다 닫지 않으신다는 것을 믿기 바란다.

하나님은 까마귀를 통해서도 엘리야를 먹이셨다면 하나님의 형상과 모양을 닮은 하나님의 자녀들에게는 더 뜨거운 관심과 사랑을 주신다는 것을 믿기 바란다.

하나님께 기도하여 응답 받은 사례들은 더 많지만 지면상 여기서 마감하려 한다. 필자의 간증에 대해 부족하고 부끄럽지만 용서하시고 은혜가 되시기를 간절히 기도한다.

1. 성경적 기도 동력이 필요한 이유

그리스도인들이 창조주 하나님께 기도를 해야 하는 가장 원초적인 이유는 인간은 창조주 하나님의 형상과 모양을 따라(창 1:26), 영, 혼, 육으로 지음 받은 영적인 존재이기 때문이다. 창조주 하나님께로부터 영적인 존재로 지음 받은 인간은 기도를 통해서만 창조주 하나님과의 영적인 교통을 나눌 수 있다. 또한 기도는 그리스도인의 호흡과 같아서 그리스도인들이 기도를 하지 않으면 하나님과의 영적인 교통이 끊어지고, 성도의 신앙은 나태하거나 타락하거나 영적으로 죽을 수밖에 없다.

그러므로 그리스도인들이 기도를 해야 한다는 것은 누구나 다 알지만 기도하기 힘들어 하는 것이 오늘날 그리스도인들의 현실이다. 그래서 기도의 동력(動力)을 얻고, 기도의 습관(習慣)을 갖게 하는 것은 중요하다. 기도의 동력 이 말은 굉장히 중요한 말이다. 기도하지 못하는 사람들도 기도의 동력을 얻으면 기도하는 자가 될 수 있다.

오늘날 수많은 그리스도인들은 기도의 필요성과, 기도의 중요성을 알지만, 기도의 동력을 얻지 못해 기도를 못하는 것이 현실이다.

기도의 동력에 대해서는 뒤에 더 다루게 될 것이다.

눅 22:39절에 보면 예수님도 습관을 좇아 감람산으로 가셔서 기도하셨다고 말씀하고 있는 것처럼, 그리스도인들 또한 기도가 신앙생활에 습관이 되어야 한다. 사람이 보통 3개월 이상 같은 일을 계속 반복할 때 습관이 길들여지기 시작한다는 말이 있다. 그러므로 그리스도인들도 기도의 필요성을 깨닫고 기도의 동력을 얻고, 기도가 습관이 되기까지는 반복된 기도의 생활을 적어도 3개월 이상 지속하여야 한다. 새벽 기도의 습관을 들이려면 적어도 3개월은 꾸준히 새벽기도를 해야 한다. 기도의 습관과 기도의 동력을 얻기 위해, 기도학교와, 기도 집회를 하는 것은 매우 중요하다.

2. 기도란 무엇인가?

기도란 약자가 전능자에게 구(요청)하는 것이다. 기도는 마치 자녀가 필요로 하는 것을 부모님께 해달라고 구하고, 떼쓰는 것과 같은 이치이다. 주님은 성경에 그리스도인들에게 기도(구)하라고 명하셨다.

'구하다'라는 말은 국어사전에 '찾아 얻다, 바라다, 달라다, 가지고 싶어 하다.'라고 뜻이 정의되어 있다. 기도는 우리가 필요로 하는 것을 하나님께 구하고, 바라고, 강청하고, 찾는 것이다. 눅 11:5-8절, 어느 가난한 집에 밤중에 친구가 찾아왔다.

그런데 대접할 것이 없어서 고민하다가 그는 부자 친구 집에 가서 떡을 빌리기고 작정하였다. 그러나 그 부자 친구는 이미 이불을 펴고 잠자리에 들었으니 이 밤에 떡을 줄 수 없으니 내일 아침에 오라 하였다. 그냥 빈손으로 집에 돌아가면 여행 중에 찾아온 친구를 대접할 것이 없어서, 그 친구는 "떡을 안주면 집에 갈수가 없다."고 떼를 쓰며 강청하여 결국 떡을 얻어 갔다는 것이다. 이때 부자 친구가 말하기를 "비록 벗됨을 인하여는 일어나 주지 아니할지라도, 그 강청함을 인하여 일어나 그 소용대로 주리라." 그러므로 기도란 떼를 쓰며 강청하고 구하는 것이다.

마 7:7절, "구하라 그러면 주실 것이요."

마 6:33절, "너희는 먼저 그의 나라와 그의 의를 구하라. 그리하면 이 모든 것을 너희에게 더하시리라."

요 15:7절, "너희가 내 안에 거하고 내 말이 너희 안에 거하면 무엇이든지 원하는 대로 구하라. 그리하면 이루리라."

요 16:24절, "지금까지는 너희가 내 이름으로 아무것도 구하지 아니하였으나 구하라. 그리하면 받으리니 너희 기쁨이 충만하리라."

시 2:8절, "내게 구하라, 내가 열방을 유업으로 주리니 네 소유가 땅 끝까지 이르리로다."

약 1:5절, "너희 중에 누구든지 지혜가 부족하거든 모든 사람에게 후히 주시고 꾸짖지 아니하시는 하나님께 구하라. 그리하면 주시리라."

민 14:28절, "그들에게 이르기를 여호와의 말씀에 나의 삶을 가리켜 맹세하노라. 너희 말이 내 귀에 들린 대로 내가 너희에게 행하리니."

렘 29:12절, "너희는 내게 부르짖으며 와서 내게 기도하면 내가 너희를 들을 것이요."

이처럼 하나님은 성경 말씀을 통해 그리스도인들에게 명령하시기를 하나님께 강력하게 구하라고 말씀하시고 있다. 그러므로 그리스도인들이 하나님께 기도한다는 것은 나의 모든 문제를 하나님께 요청한다는 뜻이다.

기도는 내가 가지고 있는 모든 문제를 하나님 앞에 다 내려놓고, 나보다 더 능력 많으시고, 나보다 더 지혜로우신 하나님, 나의 모든 필요를 나보다 더 잘 알고 계시는 그분, 나의 인생에 나를 위해 나보다 더 많은 계획과 비전을 가지고 계신 그분에게 모든 것을 맡겨 드리는 것이다.

그리고 기도한 후에는 그 문제로 인하여 더 이상 근심이나, 걱정, 염려, 불평, 원망하지 않아야 한다. 더 이상 그 문제로 인하여 불안해하거나 걱정하거나 안달하지 않는 것이 기도이다.

내 생각에는 하나님께서 이때쯤 이 문제를 해결하기 위해서 사람을 사용하시고, 환경을 움직여야 하는데, 왜 상황이 하나도 바뀌지 않고 가만히 있는 거지 하며 안달해하거나 조급해하지 않아야 한다. 기도하는 자가 기도 후에 마음에 평안이 오면 기도에 응답이 있는 것이다. 마음의 평안은 때로 기도 응답의 신호이기도 하다.

그런데 중요한 것은 기도할 때 어떤 기도는 속히 응답이 오기도 하고, 어떤 기도는 더디게 응답이 오기도 하고, 어떤 기도는 응답이 없을 수도 있다. 그러므로 기도 응답도 하나님의 뜻이고, 기도 응답이 없음도, 하나님의 뜻인 줄 깨닫고 응답하심도 감사, 거절하심도 감사할 줄 알아야 한다.

3. 그럼 기도를 어떻게 해야 할까?

1) 성경은 그리스도인들에게 항상 기도할 것을 명령하고 있다.

국어사전에 '항상'이라는 단어는 '늘, 일상, 육장'이라는 말이다.

눅 18:1절, "항상 기도하고 낙망치 말아야 할 것을 저희에게 비유로 하여"

눅 18:2-8절에 불의한 재판관의 비유에서 어떤 원한이 있는 과부가 끈질기게 불의한 재판관을 찾아가서 자기의 문제를 해결하여 달라고 끈질기게 호소하여 결국 해결 받은 사건을 기록하면서 항상 기도하고 낙망치 말라고 가르치고 있다.

눅 21:36절, "이러므로 너희는 장차 올 이 모든 일을 능히 피하고 인자 앞에 서도록 항상 기도하며 깨어 있으라 하시니라."

시 141:5절, "의인이 나를 칠지라도 은혜로 여기며 책망할지라도 머리의 기름 같이 여겨서 내 머리가 이를 거절치 아니할지라. 저희의 재난 중에라도 내가 항상 기도하리로다."

행 10:2절, "그가 경건하여 온 집으로 더불어 하나님을 경외하며 백성을 많이 구제하고 하나님께 항상 기도하더니"

사도행전 10장에 나오는 고넬료라는 사람은 당시 로마의 백부장

군인으로서 이방인이었는데도 그는 항상 하나님께 기도하므로 하나님께서 그를 사랑하셨다. 뿐만 아니라 하나님은 고넬료를 구원하시기 위해 환상 중에 베드로를 초청하여 구원의 복음의 말씀을 듣게 하셨다. 고넬료는 사도 베드로를 초청하여 예수님에 대한 복음을 듣고, 예수 이름으로 침례를 받고, 성령을 선물로 받게 되었다.

이 얼마나 놀라운 하나님의 구원의 계획이인가?

성경에 보면 사도 바울도 항상 기도에 힘쓴 사람이었음을 알 수 있다.

롬 1:9절, "내가 그의 아들의 복음 안에서 내 심령으로 섬기는 하나님이 나의 증인이 되시거니와 항상 내 기도에 쉬지 않고 너희를 말하며"

롬 12:12절, "소망 중에 즐거워하며 환난 중에 참으며 기도에 항상 힘쓰며"

골 4:2절, "기도를 항상 힘쓰고 기도에 감사함으로 깨어 있으라."

하나님은 항상 기도하는 사람에 관심을 갖고 기억하신다. 이처럼 기도는 한두 번 해보고 좌절하고 절망하고 포기하는 것이 아니라, 기도의 응답이 올 때까지 늘, 항상, 습관적으로, 끈질기게 해야 한다고 가르친다. 지금 삶이 힘들고 어렵다면 포기하지 말고 끈질기게 전능하신 창조주 하나님께 매달려 기도한다면, 반드시 하나님께서 응답해 주실 것이다.

2) 성경은 쉬지 말고 기도하라고 명령하고 있다.

살전 5:17절, "쉬지 말고 기도하라."는 사도 바울의 가르침은 사람이 24시간 쉬지 않고 계속해서 기도하라는 말씀은 아니다. 성도가 하나님께 드리는 기도가 멈춰서는 안 되는 것을 가르치는 것이다. 성도가 기도를 쉬면 여러 가지 시험이 올 때 넘어지게 된다. 그리고 죄의 유혹을 이길 수 없게 된다. 뿐만 아니라 신앙생활에 기도 응답의 체험이 없기 때문에 신앙생활에 능력이 없게 된다. 그러므로 기도 응답의 체험은 신앙을 강하게 한다.

삼상 7:8절, "사무엘에게 이르되 당신은 우리를 위하여 우리 하나님 여호와께 쉬지 말고 부르짖어 우리를 블레셋 사람의 손에서 구원하시게 하소서."

이스라엘 백성들이 블레셋 군대를 두려워해 사무엘 선지자를 찾아가 당신은 우리를 위하여 우리 하나님께 기도하되 쉬지 말고 부르짖어 우리를 블레셋 사람의 손에서 구원하게 해달라는 것이다. 이스라엘 백성들이 사무엘 선지자에게 와서 기도를 부탁하는 것을 보면 왠지 은근히 불화가 치밀어 오른다. 자기들은 기도하지 않고, 자기들의 민족 전체의 문제를 사무엘 선지자 한 사람에게 다 떠넘기고 쉬지 말고, 부르짖어 기도해 달라고 하고 있다. 여러분, 쉬지 않고 부르짖어 기도하는 것이 얼마나 힘든 노동인 줄 아는가? 아마 보통 사람은 한 시간만 부르짖어 기도하면 목이 쉬어 기진맥진하여 기도할 수 없게 될 것이다. 그런데 이스라엘 백성들은 자기들은 기도하지 않으면서 사무엘 선지자에게 쉬지 말고 부르짖어 하나님께 기도해 달라는 것이다.

목사들은 성도들이 와서 이런 저런 문제가 있는데 기도해 달라고 하면 기도 안할 목사들은 하나도 없다. 그런데 자기들은 기도하지 않고 목사에게만 기도의 짐을 다 맡기고 기도해 달라고 하는 것은 꼭 사무엘 선지자 시대에 이스라엘 백성들을 보는 것 같아서 마음이 씁쓸하다.

삼상 12:23절, "나는 너희를 위하여 기도하기를 쉬는 죄를 여호와 앞에 결단코 범치 아니하고 선하고 의로운 도로 너희를 가르칠 것인즉"

사무엘 선지자는 참으로 대단한 분이다. 나는 너희를 위하여 기도하기를 쉬는 죄를 여호와 앞에 결단코 범치 아니하겠다고 다짐하고 결단하고 있는 사무엘 선지자를 보면 참으로 대단하다는 생각이 든다. 우리는 사무엘 선지자를 통해 쉬지 않고 기도하는 법을 배워야 한다.

사도 바울도 성도를 위한 기도를 쉬지 않겠다고 고백하고 있다.

롬 1:9절, "내가 그의 아들의 복음 안에서 내 심령으로 섬기는 하나님이 나의 증인이 되시거니와 항상 내 기도에 쉬지 않고 너희를 말하며"

사무엘 선지자나, 사도 바울은 다른 사람들을 향한 중보 기도를 쉬지 아니하였다. 다른 사람을 향한 중보 기도를 할 수 있다는 것은 그만큼 그리스도의 사랑이 넘쳐 난다는 것이다. 그리스도의 사랑이 없이 중보 기도는 불가능하다. 원수를 위해 기도하려면 그 사람을 사랑하는 마음이 없이는 중보 기도를 할 수 없다.

그러므로 그리스도인들이 쉬지 않고 기도하려면 기도의 폭을 넓혀야 한다. 기도의 폭을 넓힌다는 것은 나로부터 시작해서, 내 가족, 내 교회, 내 이웃, 내 나라, 내 민족, 세계 선교, 원수까지 넓혀 갈 때 기도의 폭을 넓히고 기도에 쉬지 않을 수 있다.

3) 성경은 무시(無時)로 성령 안에서 기도하라고 명령하고 있다.

무시로 성령 안에서 기도한다는 것은, 항상 기도하는 것이요, 쉬지 않고 기도하는 것이요, 늘 기도하는 것이요, 모든 시간에 성령 안에서 무시로 기도한다는 것이다.

엡 6:18절, “모든 기도와 간구로 하되 무시로 성령 안에서 기도하고 이를 위하여 깨어 구하기를 항상 힘쓰며 여러 성도를 위하여 구하고”

그리스도인들은 때로 다니엘처럼, 유대인들처럼, 특별한 기도의 시간을 정해 놓고 기도하는 것도 필요하지만, 사도 바울이 말씀하신 것처럼 성령의 시대에는 무시로 성령 안에서 기도하는 법을 배워야 한다. 무시로 성령 안에서 기도한다는 것은 따로 정한 시간 없이 무시로 성령 안에서 기도함을 가르치는 것이다.

특별히 성령 안에서 무시로 기도한다는 것은 성도가 방언으로 기도함을 말한다. 방언 기도는 우리가 마땅히 빌 바를 알지 못하나 방언으로 기도할 때 성령이 말할 수 없는 탄식으로 우리를 위하여 친히 간구하신다는 것이다.

롬 8:26-27절, “이와 같이 성령도 우리 연약함을 도우시나니 우리가 마땅히 빌 바를 알지 못하나 오직 성령이 말할 수 없는 탄식으로 우리를 위하여 친히 간구하시느니라. 마음을 감찰하시는 이가 성령의 생각을 아시나니, 이는 성령이 하나님의 뜻대로 성도를 위하여 간구하심이니라.”

무시로, 늘, 항상, 어디서나 방언(方言)으로 기도할 때 성령께서 나를 위해 대신 간구하신다는 것이다. 사도 바울은 무시로 성령 안에서 기도하는 법을 터득한 사람이다. 사도 바울처럼 그리스도인들도 무시로 성령 안에서 기도하는 법을 터득해야 한다.

그러므로 무시로 기도한다는 것은!

① 장소에 구애 받지 않고 기도한다는 것이다.

② 시간에 구애 받지 않고 기도한다는 것이다.

③ 형식에 구애 받지 않고 기도한다는 것이다.

④ 내용에 구애 받지 않고 언제 어디서든 기도할 수 있다는 것이다.

4) 성경은 믿음으로 기도하라고 명령하고 있다.

마 21:22절, "너희가 기도할 때에 무엇이든지 믿고 구하는 것은 다 받으리라 하시니라"

막 11:24절, "그러므로 내가 너희에게 말하노니 무엇이든지 기도하고 구하는 것은 받은 줄로 믿으라. 그리하면 너희에게 그대로 되리라"

성도가 하나님께 무슨 문제를 놓고 기도할 때는 반드시 기도한 내용이 응답받을 줄 믿고 기도해야 한다. 의심하면 안 된다. 대부분 많은 그리스도인들은 기도하고 응답이 올 것을 믿지 않는다.

행 12:1-17절, 보면 헤롯 왕이 야고보 사도를 죽였을 때 유대인들이 매우 기뻐하는 것을 보고 유대인들을 기쁘게 하기 위해 베드로 사도도 잡아 죽이려고 붙잡아 감옥에 가두었다. 초대교회는 하루아침에 두 사도를 잃게 되었다. 베드로 사도가 헤롯의 군대에 붙잡혀 감옥에 갇혀 있을 때 초대교회 성도들은 베드로의 출옥을 위해 간절히 하나님께 기도하고 있었다. 초대교회 성도들의 기도를 들으신 주님께서 베드로를 감옥에서 탈출시키셨다.

베드로가 감옥에서 나와서 초대교회 성도들이 있는 곳으로 가서 문을 두드릴 때 성도들은 베드로의 탈옥을 위해서 기도하고 있었다. 그때 로데라는 계집아이가 문틈으로 내다보다가 베드로 사도가 문 앞에 있는 것을 보았다. 문은 열지 않고 안에서 기도하고 있던 성도들에게 베드로 사도가 지금 문밖에 와 있다고 하자, 오히려 저희들은 로데라는 계집아이에게 "네가 미쳤다, 감옥에 있는 사람이 어떻게 나오겠는가?"라고 핀잔을 주었다. 그때 계집아이는 힘써 말하기를 "아니라, 참말로 베드로 사도다."라고 하자, "그러면 그의 천사가 왔을 것이다."라며 베드로의 출옥을 믿지 않았다.

초대교회 성도들은 베드로의 출옥을 위해 간절히 하나님께 기도는 하고 있었지만 기도의 응답으로 베드로가 출옥하게 될 것은 믿지 않고 있었다. 이것이 오늘날 우리 그리스도인들의 신앙과 기도는 아닐까?

옛날 시골의 어느 교회에서 있었던 이야기이다. 계속된 가뭄에 농사를 지을 수가 없어서 그 시골 교회 담임 목사가 다음 주일은 오전 예배 후에 비가 오게 해달라고 산 기도하러 가겠으니 모두가 참여해 달라고 하였다. 그래서 그 주일 오후에 모두가 비가 오게 해달라고 모든 성도들이 산 기도를 가는데 어린주일학교 학생 하나가 날도 쾌청한데 우산을 가지고 왔다.

그때 그 교회 장로가 학생에게 "애야! 왜 우산을 가져왔냐?"고 물었다. 학생은 대답하기를 "오늘 우리가 하나님께 비 오게 해달라고 기도하러 가잖아요? 그래서 비가 오면 우산을 쓰려고 가져갑니다." 라고 하였다. 그 학생의 이야기를 들은 장로가 "얘야! 오늘 우리가 기도한다고 비가 오겠느냐?"라고 하였다.

이것이 오늘날 우리들의 신앙의 현주소가 아닌지 돌아보아야 한다. 이처럼 많은 그리스도인들이 기도는 해도 그 기도가 응답될 것을 믿지 않는다. 기도는 그냥 형식에 치우쳐 한다. 기도가 응답되려면 나의 기도가 꼭 응답될 것이라는 강력한 믿음이 수반 되어야 기도에 응답이 있다.

5) 성경은 깨어 기도하라고 명령하고 있다.

마 26:41절, "시험에 들지 않게 깨어 있어 기도하라. 마음에는 원이로되 육신이 약하도다 하시고" 성경에 깨어 기도하라는 말씀에는 전제 조건이 있다.

골 4:2절, "기도를 항상 힘쓰고 기도에 감사함으로 깨어 있으라."

'깨어 기도하라'는 말은 신앙생활에 시험에 들지 않게 깨어 기도하라는 것이다. 오늘날 그리스도인들이 신앙생활하면서 이런 저런 일로 시험과 유혹에 빠진다. 예수님은 성도가 시험에 들지 않기 위해 깨어 기도하라 하신다. 깨어 기도하지 않으면 이런 저런 일이다가 올 때 그 시험을 이기지 못하고 넘어지고 타락하게 된다. 그래서 예수님은 죽음을 앞두고 겟세마네 동산에서 기도하실 때 제자들에게 시험에 들지 않게 깨어 기도하라고 하셨다.

눅 22:40절, “그곳에 이르러 저희에게 이르시되 시험에 들지 않기를 기도하라 하시고,” 46절, “기도 후에 일어나 제자들에게 가서 슬픔을 인하여 잠든 것을 보시고 이르시되 어찌하여 자느냐, 시험에 들지 않게 일어나 기도하라 하시니라.”

그리스도인들은 기도가 사라지면 시험이 온다. 뿐만 아니라 기도가 없을 때 시험이 오면 이기기 힘들다. 기도하는 사람은 시험이 와도 이길 수 있다.

엡 6:18절, “모든 기도와 간구로 하되 무시로 성령 안에서 기도하고 이를 위하여 깨어 구하기를 항상 힘쓰며 여러 성도를 위하여 구하고”

깨어 기도하라는 것은 특별히 기도에 관심 갖고, 기도에 집중하고, 기도에 시간을 투자하라는 것이다.

4. 그럼 기도를 어디서 해야 할까?

성경에 나타난 기도의 장소

1) 하나님의 성전에서(예배당),

2) 산에서,

3) 강가에서,

4) 골방에서,

5) 특정 장소 없이(광야, 감옥)

1) 하나님의 성전(예배당)에서 기도하라는 것이다.

기도는 왜 하나님의 성전에서 해야 하는가? 성전은 하나님께서 늘 임재해 계시는 곳으로 상징되기 때문이다. 하나님께 드리는 기도는 장소에 구애 받지 않고 언제 어디서 기도해도 들으신다.

그런데 성경은 특별히 성전을 "만민의 기도의 집이라" 하셨을 만큼, 기도는 하나님의 성전에 가서 기도하는 것이 기도의 동력을 얻고, 기도에 집중하고 기도의 줄을 잡아 기도하게 되기 때문이다.

사 56:7절, "내가 그를 나의 성산으로 인도하여 기도하는 내 집에서 그들을 기쁘게 할 것이며 그들의 번제와 희생은 나의 단에서 기꺼이 받게 되리니 이는 내 집은 만민의 기도하는 집이라 일컬음이 될 것임이니라."

예수님은 성전 안에서 하나님께 드릴 제물을 파는 장사꾼들을 내쫓으시면서 격분하셨다. 막 11:17절, "이에 가르쳐 이르시되 기록된 바 내 집(성전)은 만민의 기도하는 집이라 칭함을 받으리라고 하지 아니하였느냐? 너희는 강도의 굴혈을 만들었도다 하시매"

유대인들은 솔로몬이 지은 예루살렘 성전이 있기 전에는, 모세의 성막에서 기도하였다. 모세의 성막이 있기 전에는, 산이나 들이나 강가, 골방 어디서든지 기도하였다. 그러나 예루살렘 성전이 건축된 후에는 예루살렘 성전에서 기도하는 것을 원칙으로 세웠다. 그러므로 유대인들은 기도할 때 거의 예루살렘 성전을 찾아가 성전에서 기도하든지 아니면 예루살렘 성전에서 멀리 떨어져 있으면 적어도 예루살렘 성전을 향하여 기도하는 것을 원칙으로 세웠다.

예루살렘 성전이 이방인에 의해 무너진 후에는 그 옛날 다윗이 쌓은 성벽에 모여서 기도를 한다. 이 기도의 장소를 지금은 '통곡의 벽'이라 부른다.

필자도 1990년 2월에 성지 순례 여행을 하면서 이 통곡의 벽에서 기도한 추억이 있다. 그때 통곡의 벽에서 기도하는 유대인들의 모습을 보면서 숙연한 마음이 들었다. 통곡의 벽에서 기도하는 유대인들을 보면 누구나 기도하고 싶은 동력이 생긴다. 기도의 장소가 중요한 것은, 그만큼 기도의 장소는 기도하기에 좋은 환경과 분위기가 조성되어 있기 때문이다. 예를 들면 하나님은 성도가 어느 곳에서 기도해도 그 기도를 다 들어 주신다. 그러므로 기도자가 하나님께 간절한 기도를 하고 싶을 때 어떤 장소에서 기도하느냐에 따라 기도의 분위기와 기도의 간절함과 기도의 열망이 달라지는 것이다.

하나님의 성전에 가 있으면 기도하고 싶은 마음이 더 충족될 것이다. 그러나 신앙생활에 충실한 성도라도 레스토랑에 가 있으면 기도하고 싶은 마음보다는 맛있는 음식을 먹고 싶은 욕망이 더 앞설 것이다. 하나님은 나이트클럽에서 기도해도 들으실 것이다. 그러나 기도하는 자가 나이트클럽에서 기도할 마음이 생기겠는가? 요즘 학생들이나 젊은 사람들이 PC방을 많이 이용한다. 그곳에 있으면 기도하고 싶은 열망이 생기겠는가, 게임에 몰두하고 싶을 것이다. 요즈음은 도시고, 한적한 곳이고 카페가 성행 중이다. 카페에서 기도해도 하나님은 들으신다. 그러나 카페에서 기도할 마음이 생기겠는가, 커피마시고 싶은 마음이 클 것이다.

그래서 기도하는 자는 기도의 장소를 잘 선택해서 기도해야 한다. 성도들이 때로는 기도하러 기도원에 가기도 한다. 성도들이 기도원에 가는 것은 놀러 가는 것이 아니라 기도하러 가는 것이다. 기도원은 일반적으로 많은 사람들이 하나님께 기도하는 장소이기 때문이다.

왜 집에서 기도하면 하나님께서 안 들으시는가? 기도원에 가서 기도하면 기도하는 사람들이 많이 있고 더 기도의 동력을 얻어 기도할 수 있기 때문에 기도원을 찾는 것이다. 그러므로 교회(예배당)는 만민이 기도할 수 있는 기도의 집인 줄 믿으시기 바란다. 누가 기도하러 학교 가자, 기도하러 시장으로 가자, 기도하러 호텔 가자, 기도하러 레스토랑으로 가자, 기도하러 카페 가자, 기도하러 백화점 가자하겠는가? 그러므로 성도가 기도하려면 기도의 장소도 잘 선택해서 기도해야 한다. 물론 하나님은 어느 곳에서 기도해도 다 들으시지만 특별히 기도하는 자가 더 간절하게 기도의 동력을 얻어 기도하려면 교회 예배당이나, 기도원 이상 더 기도하기 좋은 장소가 어디 있겠는가?

일반적으로 유대인들은 기도 시간이 되면 예루살렘 성전으로 기도하러 올라갔다. 뿐만 아니라 유대인들은 어느 곳에 있든지 기도할 때는 언제나 예루살렘 성전을 향하여 하나님께 기도하였다. (단 6:10-11)

이와 같이 하나님의 성전은 만민이 찾아와서 기도하는 장소이다. 성경에 성전은 첫째는 예루살렘 성전을 가리키고, 둘째는 오늘날 교회 예배당을 상징한다. 그러므로 교회 예배당은 만민이 와서 기도하는 집이 되어야 한다.

여러분, 기도가 필요하면 교회 예배당을 찾아가 기도하시기 바란다. 물론 본 교재에는 성도들이 성전 외에 다른 곳에서 기도한 실례들도 찾아 설명할 것이다.

성경에 성전을 찾아 기도한 경우는 다음과 같다.

① 성전에서 기도한 한나

성경에 보면 유대인들은 기도 시간에 예루살렘 성전을 찾아 기도하였다.

삼상 1:7-18절에 "매년에 한나가 여호와의 집(성전)에 올라갈 때마다 남편이 그같이 하매 브닌나가 그를 격동시키므로, 그가 울고 먹지 아니하니 그 남편 엘가나가 그에게 이르되 한나여, 어찌하여 울며 어찌하여 먹지 아니하며 어찌하여 그대의 마음이 슬프뇨. 내가 그대에게 열 아들보다 낫지 아니하뇨. 그들이 실로에서 먹고 마신 후에 한나가 일어나니 때에 제사장 엘리는 여호와의 전 문설주 곁 그 의자에 앉았더라. 한나가 마음이 괴로워서 여호와께 기도하고 통곡하며 서원하여 가로되 만군의 여호와여, 만일 주의 여종의 고통을 돌아보시고 나를 생각하시고 주의 여종을 잊지 아니하사 아들을 주시면 내가 그의 평생에 그를 여호와께 드리고 삭도를 그 머리에 대지 아니하겠나이다. 그가 여호와 앞에 오래 기도하는 동안에 엘리가 그의 입을 주목한즉 한나가 속으로 말하매 입술만 동하고 음성은 들리지 아니하므로 엘리는 그가 취한 줄로 생각한지라. 엘리가 그에게 이르되 네가 언제까지 취하여 있겠느냐, 포도주를 끊으라. 한나가 대답하여 가로되 나의 주여, 그렇지 아니하니이다. 나는 마음이 슬픈 여자라, 포도주나 독주를 마신 것이 아니요 여호와 앞에 나의 심정을 통한 것뿐이오니 당신의 여종을 악한 여자로 여기지 마옵소서. 내가 지금까지 말한 것은 나의 원통함과 격동됨이 많음을 인함이니이다. 엘리가 대답하여 가로되 평안히 가라, 이스라엘의 하나님이 너의 기도하여 구한 것을 허락하시기를 원하노라. 가로되 당신의 여종이 당신께 은혜 입기를 원하나이다 하고 가서 먹고 얼굴에 다시는 수심이 없으니라."

삼상 1장에 한나라는 여인은 엘가나라는 남자와 결혼 한지가 수년이 지났음에도 아기를 낳지 못해 결국 엘가나는 브닌나라는 후처를 얻어 자식을 나았다. 상황이 이 지경에 이르자 한나는 아기를 못 낳는 것 때문에 견딜 수 없는 아픔을 겪어야 했다. 거기다가 후처인 브닌나가 조롱까지 하니 얼마나 견디기 힘들었겠는가? 그래서 한나는 매년 하나님의 집 성전에 올라 갈 때마다 하나님께 아들을 달라고 간절하게 기도하였다. 이처럼 한나가 하나님께 간절히 기도한 결과 하나님께서 한나에게 사무엘이라는 아들을 주셨다. 한나가 이처럼 하나님의 성전을 찾아 간절하게 기도하였던 것은 아기를 낳고자 하는 간절한 열망의 소원이 기도의 동력이 되어 서원 기도로 이어졌고, 결국 기도의 응답을 받게 된 것이다.

한나는 다른 곳에서도 얼마든지 하나님께 기도를 할 수 있었겠지만, 성전을 찾아가 하나님께 기도한 것은 성전은 항상 야웨 하나님께서 임재해 계시는 상징성이 있고, 또한 성전은 기도의 집으로 기도의 분위기가 기도자로 하여금 기도의 동력을 얻게 하기 때문에 성전을 찾아가 기도했을 것이다.

여러분도 간절한 기도의 소원이 있다면 언제나 하나님의 성전, 교회를 찾아 간절히 기도하기를 바란다.

② 성전에서 기도한 바리세인과 세리

눅 18:10절에 "두 사람이 기도하러 성전에 올라가니 하나는 바리새인이요 하나는 세리라." 바리새인과 세리도 하나님의 성전에 올라가서 기도하였다.

성전은 하나님께 기도하는 집이기 때문에 바리세인도 세리도 기도하러 갔을 것이다.

당시 바리새인의 신앙생활은 모세의 율법을 준수하며 엄격한 신앙의 기준을 세워 기도와 금식과 십일조 생활을 하고 있었지만, 마 23장에 보면 예수님으로부터 신랄한 비난을 받았다. 성경에 바리새인의 신앙생활은 형식과 외식에 치우친 신앙생활이었다. 그럼에도 불구하고 바리새인들이 성전을 찾아 기도한 것은 자신이 기도하는 사람이라는 것을 많은 사람에게 드러내려 한 것이다.

반면 세리는 유대인들에게 천대를 받는 직업에 종사하고 있었기 때문에 같은 유대인이면서도 유대인들로부터 배척을 당하고 죄인 취급을 받으며 천대를 받고 있었다. 아마 눅 18:10-14절 나오는 세리가 성전에 기도하러 갔다는 것은 세리는 진심으로 기도하러 갔음을 알 수 있다. 눈을 들어 하늘을 우러러 보지도 못하고 가슴을 치며 가로되 "하나님께 불쌍히 여기옵소서, 나는 죄인이로소이다."라고 기도하였다. 세리가 성전을 찾아가 기도했다는 것은 성전은 누구나 기도할 수 있는 만민의 기도의 집이라는 것을 알고 있었기 때문일 것이다.

③ 성전에서 기도한 사도 베드로

행 3:1절, "제 구시 기도 시간에 베드로와 요한이 성전에 올라갈 새"

초대교회 초기에도 사도들은 예루살렘 성전을 찾아가 기도하였다. 그 이유는 조상 대대로 유대인들이 성전을 찾아 기도하였기 때문이다. 유대인들은 성전을 기도하는 집으로 알고 있기 때문이다.

④ 성전에서 기도한 사도 바울

행 22:17절, "후에 내가 예루살렘으로 돌아와서 성전에서 기도할 때에 비몽사몽간에" 사도 바울도 예루살렘 성전에서 기도하였다.

⑤ 성전에서 기도한 초대교회 성도들

행 2:46절, "날마다 마음을 같이 하여 성전에 모이기를 힘쓰고 집에서 떡을 떼며 기쁨과 순전한 마음으로 음식을 먹고" 초대교회 성도들도 날마다 성전에 모여서 기도하기를 힘썼다.

2) 산(山) 기도

성경에 보면 두 번째로 기도 많이 한 장소가 산이었음을 알 수 있다.

성경에 보면 산에서 기도한 실례들이 많이 나타나 있다.

① 산에서 기도한 모세

출 19:20, 출 34:28, 모세는 시내 산에서 하나님께로부터 십계명을 받기 위해 시내 산에서 40일 동안 금식 기도를 두 차례나 하였다.

② 산에서 기도한 엘리야

왕상 18:41-42, "엘리야가 아합에게 이르되 올라가서 먹고 마시소서. 큰비의 소리가 있나이다. 아합이 먹고 마시러 올라가니라. 엘리야가 갈멜 산 꼭대기로 올라가서 땅에 꿇어 엎드려 그 얼굴을 무릎 사이에 넣고" 엘리야는 갈멜 산에서 신의 대결에서 대승리한 후에 3년 6개월 동안 비가 오지 아니한 땅에 비가 오게 해달라고 기도하러 갈멜 산 중에 가장 높은 산꼭대기로 올라가 기도하였다.

③ 산에서 기도한 예수님

눅 22:39-46, "예수께서 나가사 습관을 좇아 감람산에 가시매 제자들도 좇았더니 그곳에 이르러 저희에게 이르시되 시험에 들지 않기를 기도하라 하시고 저희를 떠나 돌 던질 만큼 가서 무릎을 꿇고 기도하여 가라사대 아버지여, 만일 아버지의 뜻이어든 이 잔을 내게서 옮기시옵소서. 그러나 내 원대로 마옵시고 아버지의 원대로 되기를 원하나이다 하시니 사자가 하늘로부터 예수께 나타나 힘을 돕더라. 예수께서 힘쓰고 애써 더욱 간절히 기도하시니 땀이 땅에 떨어지는 피 방울 같이 되더라. 기도 후에 일어나 제자들에게 가서 슬픔을 인하여 잠든 것을 보시고 이르시되 어찌하여 자느냐, 시험에 들지 않게 일어나 기도하라 하시니라." 예수님도 습관을 좇아 감람산으로 가셔서 산 기도를 늘 하셨다.

왜 예수님은 기도하시러 예루살렘 성전으로 가지 않으시고 산으로 가셨을까? 그만큼 산 기도는 장점이 많다. 성경을 보면 우리의 믿음의 선배들도 산에서 기도를 많이 하였는데 산에서의 기도는 하나님께 부르짖어 기도할 수 있다는 것이다. 그러므로 산 기도는, 기도하는 자가 하나님의 능력을 받을 수 있는 은혜로운 장소이다.

골방에서는 부르짖어 기도할 수 없기 때문에 산 기도가 장점이 있다는 것이다.

렘 33:2-3절, "가라사대 일을 행하는 여호와, 그것을 지어 성취하는 여호와, 그 이름을 여호와라 하는 자가 이같이 이르노라. 너는 내게 부르짖으라, 내가 네게 응답하겠고 네가 알지 못하는 크고 비밀한 일을 네게 보이리라." 부르짖는 기도는 기도자의 가슴을 시원하게 하는 장점이 있다.

상담 기법 중에 '정화법'이 있다. 큰 소리로 부르짖어 운다든지 소리를 치면 가슴에 시원함을 느낀다는 것이다. 어린 아이들이 부모에게 자기가 원하는 것을 요구할 때, 떼를 쓰며 부르짖으면 안 들어줄 부모가 어디 있겠는가? 마찬가지로 하나님도 성도가 부르짖어 기도하면 더 빨리 기도에 응답하신다.

3) 강(江)가에서 기도

세 번째 기도하기 좋은 장소는 강가가 아닌가 생각한다. 성경에 최초에 강가에서 기도한 사람은 야곱이 아닌가 생각한다.

① 강가에서 기도한 야곱

창 32:22-28절, "밤에 일어나 두 아내와 두 여종과 열 한 아들을 인도하여 얍복 나루를 건널 새 그들을 인도하여 시내를 건네며 그 소유도 건네고 야곱은 홀로 남았더니 어떤 사람이 날이 새도록 야곱과 씨름하다가 그 사람이 자기가 야곱을 이기지 못함을 보고 야곱의 환도 뼈를 치매 야곱의 환도 뼈가 그 사람과 씨름할 때에 위골 되었더라. 그 사람이 가로되 날이 새려 하니 나로 가게 하라. 야곱이 가로되 당신이 내게 축복하지 아니하면 가게 하지 아니하겠나이다. 그 사람이 그에게 이르되 네 이름이 무엇이냐? 그가 가로되 야곱이니이다. 그 사람이 가로되 네 이름을 다시는 야곱이라 부를 것이 아니요 이스라엘이라 부를 것이니 이는 네가 하나님과 사람으로 더불어 겨루어 이기었음이니라."

야곱은 외삼촌 집에서 20여 년간 종살이를 하고 갑부가 되어 고향으로 금의환향하는데 지금 들려오는 소식은 형 에서가 군사 400여 명을 데리고 자기를 죽이러 오고 있다는 것이었다. 그래서 야곱은 얍복 강가에서 모든 소유와 가족들을 다 강 건너로 건네 놓고 자기 혼자 얍복강 이편에서 밤새도록 하나님께 사생결단의 기도를 하여 하나님께로부터 기도의 응답과 복을 받았다.

강가에서 기도의 장점은 강물이 소리쳐 흐르기 때문에 큰소리로 기도해도 방해가 안 된다. 특별히 여울진 강가가 더 기도하기 좋다.

② 강가에서 기도한 에스라

스 8:21절, "때에 내가 아하와 강가에서 금식을 선포하고 우리 하나님 앞에서 스스로 겸비하여 우리와 우리 어린것과 모든 소유를 위하여 평탄한 길을 그에게 간구하였으니" 에스라가 아하와 강가에서 포로로 잡혀간 이스라엘 백성들을 모아놓고 금식을 선포하며 기도했다.

③ 강가에서 기도한 이스라엘 백성들

시 137:1절, "우리가 바벨론의 여러 강변 거기 앉아서 시온을 기억하며 울었도다." (이 말씀은 이스라엘 백성을 향한 다윗의 예언이다.)

바벨론 포로로 잡혀간 이스라엘 백성들은 70년 동안 예루살렘 성전에서 기도하지 못하고 바벨론의 강가에서 모여 통곡하며 기도하였다. 포로로 잡혀간 유대인들이 강가에 모여 기도한 것은 흐르는 강물소리가 그들의 통곡의 기도 소리를 흡수하여 아무리 크게 외쳐도 방해 받지 않기 때문에 강가에서 기도하였을 것이다.

④ 강가에서 기도하는 에스겔 선지자

겔 1:1절, "제 삼십년 사월 오일에 내가 그발 강가 사로잡힌 자 중에 있더니 하늘이 열리며 하나님의 이상을 내게 보이시니" 에스겔 선지자는 바벨론의 포로 중에 그발 강가에서 기도하며 환상을 본 선지자로 유명하다(겔 1:3, 3:15, 23, 10:15, 20, 22).

4) 골방에서 기도

마 6:6절, "너는 기도할 때에 네 골방에 들어가 문을 닫고 은밀한 중에 계신 네 아버지께 기도하라, 은밀한 중에 보시는 네 아버지께서 갚으시리라."

골방이란 문자적으로 작은 쪽방을 말하지만, 사실 성도가 하나님께 깊은 기도를 드리는 것을 골방 기도라 할 수 있다. 하나님은 골방에 들어가서 문을 닫고 은밀한 중에 계신 네 아버지께 기도하라고 하신다. 바리새인들처럼 외식적이며 형식적인 기도를 하지 말고 진실하며 간절한 생명을 건 깊은 기도를 하는 것이 골방 기도이다. 골방 기도는 야곱이 얍복 강가에서 기도한 것처럼 예수님께서 늘 습관을 좇아 산에서 기도를 하신 것처럼 간절한 기도를 하라는 것이다.

5) 특정 장소 없이 기도 (광야나 감옥)

① 들(광야)에서 기도

창 28:10-22절, 야곱이 형 에서가 무서워 브엘세바를 떠나 하란으로 향하여 가다가 어두워지므로 들(광야)에서 돌을 베게 삼고 누워 자다가 꿈에 천사가 오르락내리락 하는 것을 보고 잠이 깨어 하나님께 기도했다. 이 때 야곱이 기도한 장소는 광야들이었고, 시간은 어두운 밤이었다.

이때 아마 야곱이 복음성가 "어두운 밤에 캄캄한 밤에 새벽을 찾아 떠난다. 종이 울리고 닭이 울어도 내 눈에는 오직 밤이었소. 오 주여, 당신께 감사하리라. 실로암 내게 주심을, 나에게 영원한 이 꿈속에서 깨이지 않게 하소서."라는 찬양이 만약 야곱의 시대에 만들어졌다면 야곱이 그 날 밤 목이 터져라 이 찬양을 불렀을 만한 찬양이 아니겠는가?

② 감옥에서 기도

창 39:20절부터 보면 요셉이 바로의 신하 시위대장 보디발 장군 관할 하에 있는 감옥에 갇혔다가 약 3년 만에 바로의 꿈을 해몽하고 감옥에서 풀려나 애굽의 국무총리가 되었다. 요셉은 3년 동안 감옥에 있으면서 성경에서 기도했다는 기록은 없지만, 정황을 살펴볼 때 요셉은 아마 감옥에서 애절하고 간절한 기도를 하였을 것이다.

사도행전에서 보면 베드로, 요한, 사도 바울, 실라와 같은 사람들도 복음을 전하다가 감옥에 갇혔을 때 감옥에서 간절히 기도하였다.

5. 기도의 동력(動力)이 기도하게 한다.

옛날 시골에서 살아보신 분들은 발동기를 아실 것이다. 발동기는 처음에는 사람이 손으로 기계를 돌려 동력을 전달해 기계가 돌아가게 하지만 한번 발동이 터지면 그다음에는 기계 스스로가 동력을 전달해 발동기가 돌아가게 하는 원리이다. 발동기에 힘이 전달되면 저절로 기계가 돌아가듯이 그리스도인들도 신앙생활에 기도의 필요한 동력이 전달되면 뜨거운 기도를 하게 된다.

기도에 동력이 전달되지 않으면 기도가 힘이 들지만, 기도에 동력이 전달되면 기도가 몇 시간이 지나도 시간이 가는 줄 모르고 기도하게 된다. 그리스도인이라면 누구나 기도가 중요하고 기도가 필요하다는 것을 모르는 사람은 없을 것이다. 그런데도 기도를 잘 하지 못하는 것이 현실이다. 기도는 기도 당사자가 기도를 하고자 하는 다급함이나, 간절함이나, 애절함이나, 어떤 계기나, 동기가, 주어지지 않으면 기도하기가 매우 어렵다. 그리고 기도에 대한 다급함이나 동기나 어떤 계기가 없으면 기도가 형식과 외식으로 치우치기 쉽고 간절한 기도를 하지 못한다. 그래서 성도는 반드시 기도의 동력을 통해 기도해야 한다.

기도의 동력은 다음과 같다.

① 때로 당사자의 괴로운 문제나, 고통이 기도의 동력이 된다.

② 다른 사람의 신앙의 간증도 동력이 될 수 있다.

③ 기도에 관한 책자를 읽으므로 기도의 동력을 얻을 수도 있다.

④ 성경의 말씀을 통해 기도의 동력을 얻을 수도 있다.

⑤ 성령을 받아 방언의 은사를 받으면 방언의 은사가 강력한 기도의 동력이 된다.

⑥ 기도의 장소에 있을 때 기도의 동력을 얻는다(예를 들면 기도원이나 교회).

⑦ 기도하는 사람들이 모여 함께 기도할 때 기도의 동력을 얻을 수 있다. (생장작도 한번 붙은 불에는 잘 타는 것처럼 기도에 별로 관심이 없던 사람들도 열정으로 기도하는 모임에 참여한다면 기도하게 될 것이다.)

기도의 동력은 기도하는 자 스스로가 기도하도록 만드는 것이다. 창18장에 아브라함이 간청한 기도는 자기 조카 롯을 구하기 위해 소돔과 고모라에 의인 50명이 있어도 멸하시겠느냐고 간청한 기도가 동력이 된 것이다. 의인 50명이 있으면 멸하시지 않겠다고 하니까 아브라함은 자기 조카 롯을 구하기 위해 결국 하나님께 의인 50명에서 10명까지 내려가면서 타협하며 강청했다. 아브라함이 하나님께 기도할 수밖에 없는 동력은 바로 자기 조카 롯 때문이었다. 이처럼 기도는 기도 자 스스로가 기도하지 않으면 안 되는 어떤 계기가 있어야 기도의 동력을 얻게 되는 것이다.

눅 18:1-8절, 재판장에게 무시를 당하는 과부가 자기의 원한을 풀어줄 때까지 강청하고자 하는 동력이 있어서 끈질기게 기도하게 된 것이다. 기도를 하지 않으면 안 되는 어떤 문제가 기도의 동력이 되게 하는 것이다.

야곱이 시련을 당한 것, 요셉이 시련을 당한 것, 이스라엘 백성들이 애굽과 광야에서 시련을 당한 것, 엘리야가 시련을 당한 것, 바울이 복음 전하다가 감옥에 들어간 것, 기독교 이천 년 역사 동안 하나님은 수많은 그리스도인들에게 시련을 주신 이유가 기도의 동력을 주시기 위함이었다는 것을 깨달아야 한다.

하나님은 때로 성도들에게 시련을 주시기도 한다. 때로는 질병 때문에, 때로는 사업이 부도 나서, 때로는 자녀 때문에, 때로는 남편이 속을 썩여서, 때로는 성도들 때문에, 하나님께서 그 사랑하시는 성도에게 이런 저런 시련을 주시는 것은 기도의 동력을 갖게 하시기 위한 것인 줄 깨달아야 한다. 성경에 하나님을 믿는 수많은 사람들에게 하나님께서 시련을 주신 것은 기도의 동력을 주시려했다는 것을 깨달아야 한다.

창28장에 야곱이 형 에서가 무서워 외삼촌 라반의 집으로 도망가다가 첫날밤에 간절한 마음으로 하나님께 기도한 것은 야곱이 기도할 수밖에 없는 동력이 있었던 것이다. 야곱은 성격으로 보나 심성으로 보나 과격하고 용맹한 사람이 아니다. 그는 아마 혼자 집을 떠나 본 적도 없었을 것이다. 그리고 들로 산으로 떠돌아 다녀본 적도 거의 없었을 것이다.

그런 그가 형 에서가 무서워 아버지의 집을 떠나 혼자 방랑객이 되어 머나먼 한 번도 가보지 않은 외삼촌 라반의 집으로 갈 때 얼마나 두렵고 무서웠겠는가? 이제 야곱은 아버지의 집을 떠나 메소보다미아의 땅 외삼촌 라반의 집을 향해 가는 길에 첫날밤을 맞이했다. 그 첫날밤이 야곱에게는 얼마나 무섭고 두려운 밤이었겠는가?

그 첫날밤에 창 28:10-12절, 보면 "야곱이 브엘세바를 떠나 하란으로 향하여 가더니 한 곳에 이르러는 해가 진지라. 거기서 유숙하려고 그 곳에 한 돌을 취하여 베개하고 거기 누워 자더니 꿈에 본즉 사닥다리가 땅위에 섰는데, 그 꼭대기가 하늘에 닿았고 또 본즉 하나님의 사자가 그 위에서 오르락내리락 하고, 또 본즉 여호와께서 그 위에 서서 가라사대, 나는 여호와니 너의 조부 아브라함의 하나님이요 이삭의 하나님이라. 너 누운 땅을 내가 너와 네 자손에게 주리니 네 자손이 땅의 티끌 같이 되어서 동서남북에 편만할지며 땅의 모든 족속이 너와 네 자손을 인하여 복을 얻으리라. 내가 너와 함께 있어 네가 어디로 가든지 너를 지키며 너를 이끌어 이 땅으로 돌아오게 할지라. 내가 네게 허락한 것을 다 이루기까지 너를 떠나지 아니하리라 하신지라."

야곱이 도망가다가 맞이한 첫날밤은 미지의 세계를 향한 꿈과 비전으로 흥분된 밤이 아니라, 반대로 미지의 세계를 향한 두려움과 공포의 밤이었을 것이다. 야곱은 미지의 세계를 향한 무서움과 두려움에 떨며 밤을 보낸 것이 아니라, 전능하신 창조주 하나님께 기도하며 밤을 보냈다. 야곱은 그 밤에 기도의 동력을 얻어 하나님께 기도하여 그 첫날밤 꿈에 하나님의 사자(使者)를 보고 하나님으로부터 약속을 받았다.

창28장의 야곱의 기도를 분석해 보면 두 부분으로 나뉜다. 첫째는 서원 기도와, 둘째는 그 서원 기도에 응답해 주신다면 나는 이렇게 실천하겠다는 다짐이다.

첫째, 야곱의 서원 기도를 요약하면 다음과 같다.

① 하나님이 나와 함께 계시사 내가 가는 이 길에서 나를 지켜달라는 것이다.

② 먹을 양식과 입을 옷을 달라는 것이다.

③ 나로 평안히 아버지의 집으로 다시 돌아가게 해 달라는 것이다.

그리고 하나님께서 서원기도에 응답해 주시면 이렇게 실천하겠다는 다짐은 다음과 같다.

① 여호와께서 나의 하나님이 되실 것이다.

② 내가 기둥으로 세운 이 돌이 하나님의 전이 될 것이다.

③ 하나님께서 내게 주신 모든 것에서 십분의 일을 내가 반드시 하나님께 드리겠다.

성경에서 가르치는 서원 기도는 응답이 빠르다는 것이다.

야곱이 이처럼 하나님께 절실하게 간절하게 기도하게 된 것은 기도할 수밖에 없었던 기도의 절실한 동력이 있었기 때문이다. 그러므로 기도의 동력은 그 사람으로 하여금 간절히 기도하게 한다. 여러분의 기도의 동력은 무엇인가?

창 32장에도 보면 야곱은 얍복 강가에서 환도 뼈가 부러지기까지 기도하였다. 야곱은 창 32장에 보면 외삼촌 라반의 집에서 20여 년 동안 네 명의 여인과 결혼하고, 열두 명의 아들을 낳고, 무수한 소 떼, 양 떼, 염소 떼와 종들을 거느리고 고향으로 금의환향하여 아버지의 집으로 돌아오고 있었다. 그런데 고향이 가까이 올수록 들려오는 소문은 형 에서가 야곱을 죽이러 군사 사백 명을 거느리고 오고 있다는 것이었다. 그 소식을 들은 야곱은 이제 어떻게 해야 할지 다시 두려움과 공포로 떨고 있었다.

야곱은 자기의 힘과 지혜와 능력으로 할 수 있는 것은 아무 것도 없었다. 20여 년 동안 수고한 모든 것이 한낱 물거품이 되게 되었다. 이때 야곱 앞에 닥친 시련이 기도의 동력이 되었다. 그래서 야곱은 모든 짐승 떼와 아내와 자녀들을 다 얍복 강을 건너게 하고 야곱은 홀로 남아 얍복 강가에서 혼자 철야 기도를 하기 시작하였다. 지금 야곱이 기도하는 것은 야곱으로 하여금 기도할 수밖에 없는 동력이 생겼기 때문이다.

야곱은 얍복 강가에서 하나님께 기도하여 문제 해결을 받았다. 사람들은 평안하고 순탄할 때는 기도를 잘 안한다. 그러다가 문제가 생기고 시련이 닥치고 어려움이 생기면 "아이고! 하나님 도와주세요. 살려주세요."라고 기도한다. 오늘 우리는 어려운 일이 있을 때만 기도하지 말고 평안하고 순탄할 때 오히려 일이 더 잘될 때 하나님 앞에 기도를 쌓아 놓아야 한다. 내 자신이 기도하지 않으면 안 될 기도의 동력을 스스로 찾아야 한다.

성경은 기도하기를 쉬는 것은 죄라고 가르치고 있다.

삼상 12:23절, "나는 너희를 위하여 기도하기를 쉬는 죄를 여호와 앞에 결단코 범치 아니하고 선하고 의로운 도로 너희를 가르칠 것인즉"

기도하기를 쉬는 죄를 범치 말자! 그러므로 본 교재를 통해 각 교회에서 기도 동력의 프로그램을 통해 기도하는 계기가 되었으면 한다. 성도들은 스스로 기도에 열정을 갖는 사람들도 있지만, 대다수 수많은 사람들은 기도의 열정을 갖지 못하는 게 현실이다. 필자도 목회 현장에서 기도에 열정이 필요함을 절실하게 느낀다. 목회자와 성도가 하나 되어 기도하게 하는 기도의 동력 프로그램을 갖는 것이 더 절실함을 느낀다.

6. 새벽 기도

전 세계에서 한국 교회처럼 새벽 기도에 열정인 나라가 없다. 어떤 목사님은 이렇게 말했다고 한다. 새벽 기도만 없으면 목사 노릇하겠다고 목사도 그만큼 새벽 기도에 부담스러워 한다는 것이다. 그러나 새벽 기도는 한국 교회에서 만들어 낸 것도 아니고 목사님들이 만들어 낸 것도 아니고 성경에서 새벽 기도를 가르치고 있다.

- 새벽에 여호와께서 불 구름 기둥 가운데서 애굽 군대를 보내시고(출 14:24)
- 모세가 곧 손을 바다 위로 내어 밀매 새벽에 미쳐(출 14:27)
- 제 칠일 새벽에(수 6:15)
- 새벽과 저녁마다 서서 여호와께 축사하며 찬송하며(대상 23:30)
- 수문 앞 광장에서 새벽부터 오전까지(느 8:3)
- 새벽에 하나님이 도우신다.(시 46:5)

- 내가 새벽을 깨우리로다(시 57:8, 108:1-2).
- 내가 새벽 전에 부르짖으며 말씀을 바랐사오며(시 119:147)
- 홍해는 새벽에 갈라졌다.(출 14:21-27)
- 만나는 새벽에 내렸다.(출 10:21)
- 여리고 성은 새벽에 무너졌다.(수 6:15)
- 풍랑은 새벽에 잔잔해졌다.(마 14:24-33)
- 막달라 마리아는 새벽에 부활의 주님을 만났다.(요 20:1-18)
- 베드로는 새벽에 회개했다.(마 26:69-75)
- 예수님은 새벽에 기도하셨다.(막1:35)
- 새벽을 찾는 자가 하루를 승리한다.(시 57:6-11)
- 아침에 나의 기도가 주의 앞에 달하리이다.(시 88:13)
- 저희가 듣고 새벽에 성전에 들어가서 가르치더니(행 5:21)
- 예수님의 재림이 새벽에 오실지 모른다.(막 13:35)

새벽을 정복하는 자는 세상을 정복하고, 새벽을 지배하고 다스리는 자는 세상을 지배하고 다스린다. 새벽을 깨우는 자가 세계를 지배한다. 이 얼마나 흥분되고 좋은 말인가!

7. 철야기도

성경에 나타난 철야기도의 예는 다음과 같다.

창 32:24-26절, "야곱은 홀로 남았더니 어떤 사람이 날이 새도록 야곱과 씨름하다가 그 사람이 자기가 야곱을 이기지 못함을 보고 야곱의 환도뼈를 치매 야곱의 환도뼈가 그 사람과 씨름할 때에 위골되었더라. 그 사람이 가로되 날이 새려 하니 나로 가게 하라. 야곱이 가로되 당신이 내게 축복하지 아니하면 가게 하지 아니하겠나이다."

예수님께서 사역을 시작하시면서 12제자를 부르시기 전에 밤이 맞도록 철야 기도하셨다. 눅 6:12절, "이때에 예수께서 기도하시러 산으로 가사 밤이 맞도록 하나님께 기도하시고 밝으매 그 제자들을 부르사 그 중에서 열 둘을 택하여 사도라 칭하셨으니"

삼상 15:11절, "내가 사울을 세워 왕을 삼은 것을 후회하노라. 그가 돌이켜서 나를 좇지 아니하며 내 명령을 이루지 아니하였음이니라 하신지라. 사무엘이 근심하여 온 밤을 여호와께 부르짖으니라."

8. 금식 기도

성경에 금식이란 헬라어로 (νηστεύω), 영어로는 Fast, Fasting이라고 한다.

금식은 주로 종교적, 영적, 목적에서 일정 기간 음식을 먹지 않는 것을 말한다. 오늘날은 이 금식이 정치적 목적과 건강을 위하는 목적으로도 사용되기도 한다.

종교적 신앙적 목적으로 금식을 하는 경우는!

1) 신앙생활의 경건한 금욕적인 표현으로 금식을 한다.(눅 18:12, 막 2:18)

2) 하나님의 계시를 접할 때 금식했다.(출 34:28, 신 9:9,18)

3) 하나님께 회개의 표시로 금식을 하기도 한다.(삼상 7:6, 욘 3:5,7)

4) 특별한 기도의 제목이 있을 때 금식했다.(삼하 12:16, 대하 20:3, 에 4:16)

5) 슬픈 일이 있을 때 금식하기도 한다.(느 1:4)

6) 어떤 일에 항의 표시로 금식하기도 한다.(에 4:3)

7) 하나님의 사역을 앞두고 금식 기도하기도 한다.(마 4:1-11)

8) 교회가 선교사를 파송할 때 금식기도 하기도 했다.(행 13:3)

9) 바울은 선교지에서 지도자들을 세울 때 금식했다.(행 14:23)

10) 억지로 금식하게 될 때도 있다.(고후 11:27)

금식이 주는 유익

사 58:6절에 1) 흉악의 결박을 풀어주며, 2) 멍에를 끌러주며, 3) 압박당하는 자를 자유케 하며, 4) 모든 멍에를 꺾어 주고, 5) 네 치료가 급속할 것이며(사 58:8),

금식할 때 주의해야 할 것

마 6:16-18절, "금식할 때에 너희는 외식하는 자들과 같이 슬픈

기색을 내지 말라. 저희는 금식하는 것을 사람에게 보이려고 얼굴을 흉하게 하느니라. 내가 진실로 너희에게 이르노니 저희는 자기 상을 이미 받았느니라. 너는 금식할 때에 머리에 기름을 바르고 얼굴을 씻으라. 이는 금식하는 자로 사람에게 보이지 않고 오직 은밀한 중에 계신 네 아버지께 보이게 하려함이라. 은밀한 중에 보시는 네 아버지께서 갚으시리라."

1. 성경 속에 위대한 인물들의 기도

1) 아브라함의 기도(아브라함의 기도, 끈기와 인내와 하나님께 타협하는 기도)

창 18:23-25절, "가까이 나아가 가로되 주께서 의인을 악인과 함께 멸하시려나이까. 그 성 중에 의인 오십이 있을지라도 주께서 그 곳을 멸하시고 그 오십 의인을 위하여 용서치 아니하시리이까. 주께서 이같이 하사 의인을 악인과 함께 죽이심은 불가하오며 의인과 악인을 균등히 하심도 불가하니이다. 세상을 심판하시는 이가 공의를 행하실 것이 아니니이까."

2) 이삭의 기도

① 이삭의 아내 잉태를 위해 기도

창 25:21절, "이삭이 그 아내가 잉태하지 못하므로 그를 위하여 여호와께 간구하매 여호와께서 그 간구를 들으셨으므로 그 아내 리브가가 잉태하였더니"

② 이삭의 아들 야곱을 위한 축복의 기도

창 27:27-29절, "내 아들의 향취는 여호와의 복 주신 밭의 향취로다. 하나님은 하늘의 이슬과 땅의 기름짐이며 풍성한 곡식과 포도주로 네게 주시기를 원하노라. 만민이 너를 섬기고 열국이 네게 굴복하리니 네가 형제들의 주가 되고 네 어미의 아들들이 네게 굴복하며 네게 저주하는 자는 저주를 받고 네게 축복하는 자는 복을 받기를 원하노라."

3) 야곱의 기도

① 야곱의 서원 기도

창 28:18-22절, "야곱이 아침에 일찍이 일어나 베개하였던 돌을 가져 기둥으로 세우고 그 위에 기름을 붓고 그곳 이름을 벧엘이라 하였더라. 이 성의 본 이름은 루스더라. 야곱이 서원하여 가로되 1)하나님이 나와 함께 계시사 2)내가 가는 이 길에서 나를 지키시고 3)먹을 양식과 입을 옷을 주사 4)나로 평안히 아비 집으로 돌아가게 하시오면 여호와께서 나의 하나님이 되실 것이요 내가 기둥으로 세운 이 돌이 하나님의 전이 될 것이요 하나님께서 내게 주신 모든 것에서 십분 일을 내가 반드시 하나님께 드리겠나이다 하였더라."

② 야곱의 절대 절명의 긴박한 기도

창 32:7-8절, "야곱이 심히 두렵고 답답하여 자기와 함께 한 종자와 양과 소와 약대를 두 떼로 나누고 가로되 에서가 와서 한 떼를 치면 남은 한 떼는 피하리라 하고" 20절, "또 너희는 말하기를 주의 종 야곱이 우리 뒤에 있다 하라 하니 이는 야곱의 생각에 내가 내 앞에 보내는 예물로 형의 감정을 푼 후에 대면하면 형이 혹시 나를 받으리라 함이었더라." 24-30절, "야곱은 홀로 남았더니 어떤 사람이 날이 새도록 야곱과 씨름하다가 그 사람이 자기가 야곱을 이기지 못함을 보고 야곱의 환도뼈를 치매 야곱의 환도뼈가 그 사람과 씨름할 때에 위골되었더라. 그 사람이 가로되 날이 새려하니 나로 가게 하라 야곱이 가로되 당신이 내게 축복하지 아니하면 가게 하지 아니하겠나이다. 그 사람이 그에게 이르되 네 이름이 무엇이냐 그가 가로되 야곱이니이다. 그 사람이 가로되 네 이름을 다시는 야곱이라 부를 것이 아니요 이스라엘이라 부를 것이니 이는 네가 하나님과 사람으로 더불어 겨루어 이기었음이니라. 야곱이 청하여 가로되 당신의 이름을 고하소서 그 사람이 가로되 어찌 내 이름을 묻느냐 하고 거기서 야곱에게 축복한지라. 그러므로 야곱이 그곳 이름을 브니엘이라 하였으니 그가 이르기를 내가 하나님과 대면하여 보았으나 내 생명이 보전되었다 함이더라 그가 브니엘을 지날 때에 해가 돋았고 그 환도뼈로 인하여 절었더라."

4) 야베스의 기도(야베스는 하나님께 창대한 축복을 간구하여 응답받음)

대상 4:10절, "야베스가 이스라엘 하나님께 아뢰어 가로되 원컨대 주께서 내게 복에 복을 더하사 나의 지경을 넓히시고 주의 손으로 나를 도우사 나로 환난을 벗어나 근심이 없게하옵소서 하였더니 하나님이 그 구하는 것을 허락하셨더라."

5) 사무엘의 기도(중보 기도를 쉬지 않겠다고 다짐하는 사무엘)

삼삼 12:23, "나는 너희를 위하여 기도하기를 쉬는 죄를 여호와 앞에 결단코 범치 아니하고 선하고 의로운 도로 너희를 가르칠 것인즉"

6) 모세의 기도

① 출 8:12절

"모세와 아론이 바로를 떠나 나가서 바로에게 내리신 개구리에 대하여 모세가 여호와께 간구하매" (개구리 재앙으로 인해 개구리 퇴치를 위해 기도)

② 출 8:30-31절

"모세가 바로를 떠나 나와서 여호와께 기도하니 여호와께서 모세의 말대로 하사 파리를 바로와 그 신하와 그 백성에게서 몰수이 떠나게 하시니라." (파리 재앙으로 인한 파리 떼 퇴치를 위한 기도)

③ 민 21:7절

"백성이 모세에게 이르러 가로되 우리가 여호와와 당신을 향하여 원망하므로 범죄하였사오니 여호와께 기도하여 이 뱀들을 우리에게서 떠나게 하소서. 모세가 백성을 위하여 기도하매" (광야에서 만난 불 뱀 퇴치를 위한 기도)

④ 출 15:25절

모세가 여호와께 부르짖었더니 여호와께서 그에게 한 나무를 지시하시니 그가 물에 던지매 물이 달아졌더라. 거기서 여호와께서 그들을 위하여 법도와 율례를 정하시고 그들을 시험하실 새" (이스라엘 백성들이 출애굽 후에 수르 광야에서 쓴(마라) 물을 만나 먹을 수 없어 기도함.)

⑤ 출 17:4절

"모세가 여호와께 부르짖어 가로되 내가 이 백성에게 어떻게 하리이까 그들이 얼마 아니면 내게 돌질 하겠나이다" (신 광야에서 마실 물이 없을 때 이스라엘 백성들이 원망함으로 모세가 하나님께 기도함)

⑥ 출 17: 8-16절

르비딤에서 아말렉과의 전쟁 때의 이스라엘 백성을 위한 기도

⑦ 민 12:13절

"모세가 여호와께 부르짖어 가로되 하나님이여 원컨대 그를 고쳐

주옵소서" (모세가 자기 누나 미리암 문둥병을 위해 기도함.)

⑧ 신 26:7-10절

"우리가 우리 조상의 하나님 여호와께 부르짖었더니 여호와께서 우리 음성을 들으시고 우리의 고통과 신고와 압제를 하감하시고 여호와께서 강한 손과 편 팔과 큰 위엄과 이적과 기사로 우리를 애굽에서 인도하여 내시고 이곳으로 인도하사 이 땅 곧 젖과 꿀이 흐르는 땅을 주셨나이다. 여호와여, 이제 내가 주께서 내게 주신 토지 소산의 만물을 가져 왔나이다." (미래에 있을 사건의 가르침의 기도)

신 26:15절에 "원하건대 주의 거룩한 처소 하늘에서 보시고 주의 백성 이스라엘에게 복을 주시며 우리 조상들에게 맹세하여 우리에게 주신 젖과 꿀이 흐르는 땅에 복을 내리소서 할지니라." (주의 계신 거룩한 처소, 하늘에서 보시고 이스라엘 백성에게 복을 내려 달라는 기도)

7) 여호수아의 기도(여호수아의 명령의 기도)

수 10:12절, "여호와께서 아모리 사람을 이스라엘 자손에게 붙이시던 날에 여호수아가 여호와께 고하되 이스라엘 목전에서 가로되 태양아, 너는 기브온 위에 머무르라. 달아, 너도 아얄론 골짜기에 그리할지어다 하매"

8) 한나의 기도(한나의 아기를 구하는 기도)

삼상 1:10-11절, "한나가 마음이 괴로워서 여호와께 기도하고 통곡하며 서원하여 가로되 만군의 여호와여 만일 주의 여종의 고통을 돌아보시고 나를 생각하시고 주의 여종을 잊지 아니하사 아들을 주시면 내가 그의 평생에 그를 여호와께 드리고 삭도를 그 머리에 대지 아니하겠나이다."

9) 엘리야의 기도(엘리야의 비가 오게 해달라고 한 기도)

왕상 18:41-46절, "엘리야가 아합에게 이르되 올라가서 먹고 마시소서. 큰 비의 소리가 있나이다. 아합이 먹고 마시러 올라가니라. 엘리야가 갈멜산 꼭대기로 올라가서 땅에 꿇어 엎드려 그 얼굴을 무릎 사이에 넣고 그 사환에게 이르되 올라가 바다 편을 바라보라. 저가 올라가 바라보고 고하되 아무 것도 없나이다. 가로되 일곱 번까지 다시 가라. 일곱 번째 이르러서는 저가 고하되 바다에서 사람의 손만한 작은 구름이 일어나나이다. 가로되 올라가 아합에게 고하기를 비에 막히지 아니하도록 마차를 갖추고 내려가소서 하라 하니라.조금 후에 구름과 바람이 일어나서 하늘이 캄캄하여지며 큰 비가 내리는지라. 아합이 마차를 타고 이스르엘로 가니 여호와의 능력이 엘리야에게 임하매 저가 허리를 동이고 이스르엘로 들어가는 곳까지 아합 앞에서 달려갔더라."

10) 다니엘의 기도

① 하루 세 번씩 기도한 다니엘

단 6:10절, "다니엘이 이 조서에 어인이 찍힌 것을 알고도 자기 집에 돌아가서는 그 방의 예루살렘으로 향하여 열린 창에서 전에 행하던 대로 하루 세 번씩 무릎을 꿇고 기도하며 그 하나님께 감사하였더라."

② 다니엘의 자기 민족을 위한 기도

단 9:3-19절, "내가 금식하며 베옷을 입고 재를 무릅쓰고 주 하나님께 기도하며 간구하기를 결심하고..... 주여 들으소서, 주여 용서하소서, 주여 들으시고 행하소서, 지체치 마옵소서, 나의 하나님이여. 주 자신을 위하여 하시옵소서. 이는 주의 성과 주의 백성이 주의 이름으로 일컫는 바 됨이니이다."

③ 다니엘의 기도

자기 죄와 민족의 죄를 위해 회개 기도할 때 하나님께서 다니엘의 기도에 응답하시면서 미래에 있을 사건을 예언하심(단 9:20-27절을 읽으라.)

11) 요나의 회개 기도

욘 2:1-9절(4:2), "요나가 물고기 뱃속에서 그 하나님 여호와께 기도하여 가로되...내 영혼이 내 속에서 피곤할 때에 내가 여호와를 생각하였삽더니 내 기도가 주께 이르렀사오며 주의 성전에 미쳤나이다. 무릇 거짓되고 헛된 것을 숭상하는 자는 자기에게 베푸신 은혜를 버렸사오나 나는 감사하는 목소리로 주께 제사를 드리며 나의 서원을 주께 갚겠나이다. 구원은 여호와께로서 말미암나이다하니라."

12) 다윗의 기도

삼하 7:28-29절, “주 여호와여, 오직 주는 하나님이시며 말씀이 참되시니이다. 주께서 이 좋은 것으로 종에게 허락하셨사오니 이제 청컨데 종의 집에 복을 주사 주 앞에 영원히 있게 하옵소서. 주 여호와께서 말씀하셨사오니 주의 은혜로 종의 집이 영원히 복을 받게 하옵소서.”

시 55:17절, “저녁과 아침과 정오에 내가 근심하여 탄식하리니 여호와께서 내 소리를 들으시리로다.” 다윗은 하루 세 번 하나님께 기도하였다.

다윗은 특별히 새벽 기도를 중요하게 여겼다. (시 5:3, 88:13, 130:6, 143:8)

시 57:8절, “내 영광아 깰지어다. 비파야, 수금아, 깰지어다 내가 새벽을 깨우리로다.”

시 108:2절, “비파야, 수금아, 깰지어다. 내가 새벽을 깨우리로다.”

시 119:147절, “내가 새벽 전에 부르짖으며 주의 말씀을 바랐사오며”

13) 솔로몬의 기도

왕상 3:4-5절, “이에 왕이 제사하러 기브온으로 가니 거기는 산당이 큼이라. 솔로몬이 그 단에 일천 번제를 드렸더니 기브온에서 밤에 여호와께서 솔로몬의 꿈에 나타나시니라. 하나님이 이르시되 내가 네게 무엇을 줄꼬? 너는 구하라.”

솔로몬이 성전을 건축하고 법궤를 성전에 모신 뒤에 하나님께 기도한 내용 (왕상 8:22-56)

14) 히스기야의 기도

왕하 19:20절, "아모스의 아들 이사야가 히스기야에게 기별하여 가로되 이스라엘 하나님 여호와의 말씀이 네가 앗수르 왕 산헤립 까닭에 내게 기도하는 것을 내가 들었노라 하셨나이다." (대하 32:20-23)

왕하 20:1-3절, "그 때에 히스기야가 병들어 죽게 되매 아모스의 아들 선지자 이사야가 저에게 나아와서 이르되 여호와의 말씀이 너는 집을 처치하라. 네가 죽고 살지 못하리라 하셨나이다. 히스기야가 낯을 벽으로 향하고 여호와께 기도하여 가로되 여호와여, 구하오니 내가 진실과 전심으로 주 앞에 행하며 주의 보시기에 선하게 행한 것을 기억하옵소서 하고 심히 통곡하더라." (대하 32:24-25)

사 38:1-3절, "그 즈음에 히스기야가 병들어 죽게 되니 아모스의 아들 선지자 이사야가 나아와 그에게 이르되 여호와께서 이같이 말씀하시기를 너는 네 집에 유언하라. 네가 죽고 살지 못하리라 하셨나이다. 히스기야가 얼굴을 벽으로 향하고 여호와께 기도하여 가로되 여호와여 구하오니 내가 주의 앞에서 진심과 전심으로 행하며 주의 목전에서 선하게 행한 것을 추억하옵소서 하고 심히 통곡하니

15) 초대 교회 성도들의 기도

(행 1:14, 24, 2:1-4, 2:42, 3:1, 6:4, 12:12, 16:25)

16) 베드로의 기도

(1) 기도 시간에 기도하러 성전에 올라가는 베드로(행 3:1)

(2) 여행 중에도 기도하는 베드로.(행 10:9)

벧전 4:7절, "만물의 마지막이 가까왔으니 그러므로 너희는 정신을 차리고 근신하여 기도하라"

17) 바울의 기도

(1) 바울의 중보기도(롬 1:9, 엡 1:16, 6:18, 빌 1:4, 골 1:3, 9, 살전 1:2, 살후 1:11, 딤전 2:1, 딤후 1:3, 몬1:4)

(2) 바울의 기도 요청 (롬 15:30, 골 4:3, 살후 3:1, 히 13:18)

(3) 바울이 명한 기도에 힘쓰라.(롬 12:12, 엡 6:18, 골 4:2)

심화 학습

1) 기도를 배워야 하는 이유를 쓰시오.

2) 기도란 무엇인가 쓰시오.

3) 기도를 어떻게 해야 하는지 쓰시오.

4) 성경에 나타난 기도의 장소들을 쓰시오.

5) 성전에서 기도한 사례들을 찾아 쓰시오.

6) 기도 동력의 중요성을 쓰시오.

7) 당신을 기도하게 하는 기도의 동력은 무엇인지 쓰시오.

8) 성경에 나타난 최소 10명의 위인들 찾아 이름과 기도한 내용을 쓰시오.

9) 당신은 하루 몇 시간을 기도하는지 쓰시오.

10) 본 교재에 인용된 모든 기도에 관한 성구를 쓰고 암송하시오.